美丽乡村建设关键技术丛书
国家科技支撑计划项目
"长三角快速城镇化地区美丽乡村建设关键技术综合示范"研究成果

乡村低影响开发技术

傅大放　朱腾义　闵鹤群　著

·南京·

内 容 提 要

本书主要基于国家科技支撑计划项目"长三角快速城镇化地区美丽乡村建设关键技术综合示范"的相关研究成果,针对目前我国农村城镇化建设导致自然村庄衰落凋零、自然生态破坏退化以及雨洪风险急剧增大的突出问题,从乡村低影响开发的角度首次系统介绍了乡村道路、河道水系、公共广场、院落住宅、农业种植、设施大棚种植及散养家禽等的规划和设计,并列举相关技术措施实例。

本书可供乡村规划建设相关的工程建设人员,高校市政工程专业的本科生、硕士生参考使用。

图书在版编目(CIP)数据

乡村低影响开发技术/傅大放,朱腾义,闵鹤群著. —南京:东南大学出版社,2018.6
ISBN 978-7-5641-7776-8

Ⅰ. ①乡… Ⅱ. ①傅… ②朱… ③闵… Ⅲ. ①乡村生态环境建设—研究—中国 Ⅳ. ①F320.3 ②X321.2

中国版本图书馆 CIP 数据核字(2018)第 104333 号

乡村低影响开发技术

出版发行:	东南大学出版社
社　　址:	南京市四牌楼2号　邮编:210096
出 版 人:	江建中
网　　址:	http://www.seupress.com
电子邮箱:	press@seupress.com
经　　销:	全国各地新华书店
印　　刷:	南京工大印务有限公司
开　　本:	700 mm×1000 mm　1/16
印　　张:	12.75
字　　数:	160 千字
版　　次:	2018 年 6 月第 1 版
印　　次:	2018 年 6 月第 1 次印刷
书　　号:	ISBN 978-7-5641-7776-8
定　　价:	50.00 元

本社图书若有印装质量问题,请直接与营销部联系。电话(传真):025-83791830

前　言

城镇化与村镇建设是我国现代化建设的重大战略任务，是统筹城乡发展、改善农村民生、建设社会主义新农村和美丽乡村建设的重要内容，也是今后相当长一段时期内，拉动内需、促进经济结构调整及加快转变经济发展方式的有效途径。

由于经济发展迅速，城镇化进程快，建设开发活动很容易造成乡村水土流失、生物多样性衰退等问题，因此乡村建设不能直接移植城市建设模式。然而，许多乡村当前的发展，一味追求城镇化，因缺乏科学合理的乡村建设规划与管理，无论是乡村道路交通体系、院落住宅建设，还是乡村河道水系治理、农业种植灌排系统改造，基本都是照搬城市建设模式，盲目大搞硬质化工程建设，给乡村的水文机制和水文环境带来了难以逆转的负面影响。

近年来，低影响开发技术已在解决城市建设与水文机制及环境保护之间的矛盾方面取得成功，该技术注重在城市规划设计之初，就通过诸如雨水花园、渗透铺装和植草沟等措施，融入景观与生态的理念，达到对区域水文机制和水文环境的保护。在乡村地区，新农村建设和美丽乡村建设正是推广这种规划设计理念的良好契机，对我国乡村可持续发展具有重要的指导意义。

本书的编写主要基于国家科技支撑计划项目"长三角快速城镇化地区美丽乡村建设关键技术综合示范"的相关研究成果，立足于乡村环境整治和改造，以保护乡村水文机制和水文环境为目标,吸收国内外海绵城市建设和低影响雨洪管理经验,针对目前我国农村城镇化建设导致自然村庄衰落凋零、自然生态破坏退化以及雨洪风险急剧增大的突出问题,从乡村低影响开发的角度首次系统介绍了乡村道路、河道水系、公共广场、院落住宅、农业种植、设施大棚种植及散养家禽等的规划和设计,并列举相关技术措施实例,对当前正在进行的新农村建设和美丽乡村建设具有很强的指导作用。

本书由东南大学土木工程学院傅大放教授,建筑学院闵鹤群副教授和扬州大学环境科学与工程学院朱腾义讲师共同编写。

本书在编写过程中,参考、援引了部分与低影响开发和乡村建设等相关的文献内容,在此向有关作者表示衷心的感谢。

由于编者水平和编写时间所限,书中难免存在疏漏和错误之处,对相关内容的编排可能不尽合理。恳切地希望广大读者和相关专家批评指正,以便今后修订完善。

编 者

2017 年 5 月

目 录

第1章 乡村低影响开发背景 …………………………… 1
1.1 乡村建设政策演进 …………………………… 1
1.1.1 "三农"问题 …………………………… 2
1.1.2 新农村建设 …………………………… 2
1.1.3 美丽乡村建设 …………………………… 3
1.2 乡村建设中的环境共性 …………………………… 4
1.2.1 乡村建设规划缺乏指导,自然村落不断被蚕食 …… 4
1.2.2 城市人口逆向流动趋势日益显著,乡村生活环境条件亟待改善 …………………………… 5
1.3 乡村建设与低影响开发 …………………………… 6
1.3.1 径流调蓄能力不足 …………………………… 7
1.3.2 污染净化能力不足 …………………………… 7
1.3.3 雨水利用能力不足 …………………………… 7

第2章 低影响开发理论与技术概述 …………………………… 9
2.1 低影响开发内涵解析 …………………………… 10
2.2 低影响开发核心理念 …………………………… 12
2.2.1 人类生存发展与自然保护和谐统一 …………… 12
2.2.2 强调尊重和正确运用自然 …………………… 13
2.2.3 源头控制思想 …………………………… 13
2.2.4 小规模分散性思想 …………………………… 14
2.2.5 雨水资源化 …………………………… 14

2.3 低影响开发原则和目的 …………………………………… 15
  2.3.1 低影响开发的原则 ……………………………………… 15
  2.3.2 低影响开发的目的 ……………………………………… 17
2.4 低影响开发常用技术措施 …………………………………… 18
  2.4.1 滞留渗透措施 …………………………………………… 19
  2.4.2 运送传输措施 …………………………………………… 24
  2.4.3 受纳调蓄措施 …………………………………………… 26

第3章 乡村道路低影响开发技术 …………………………… 28
3.1 乡村道路的概况 …………………………………………… 29
  3.1.1 一般分析 ………………………………………………… 29
  3.1.2 水文环境分析 …………………………………………… 30
3.2 低影响开发下乡村道路规划 ………………………………… 32
3.3 低影响开发下乡村道路设计 ………………………………… 34
  3.3.1 设计理念 ………………………………………………… 34
  3.3.2 设计原则 ………………………………………………… 35
  3.3.3 设计途径 ………………………………………………… 37
  3.3.4 道路周边要素设计 ……………………………………… 39
3.4 低影响开发下乡村道路施工技术措施 ……………………… 41
  3.4.1 路面设计总体要求 ……………………………………… 42
  3.4.2 施工材料选择实例 ……………………………………… 43

第4章 乡村河道水系低影响开发技术 ……………………… 59
4.1 乡村河道水系的现状分析 …………………………………… 60
  4.1.1 乡村河道水系现存问题 ………………………………… 60
  4.1.2 乡村河道的治理现状 …………………………………… 61
4.2 低影响开发下乡村河道水系设计 …………………………… 63
  4.2.1 设计目标 ………………………………………………… 63
  4.2.2 设计理念 ………………………………………………… 64

  4.2.3 设计原则 …………………………………………… 64
  4.2.4 设计途径 …………………………………………… 66
 4.3 低影响开发下乡村河道水系治理 ………………………… 69
  4.3.1 水系贯通与复合生境构建技术措施 ………………… 70
  4.3.2 乡村景观型岸水一体化生态治理技术措施 ………… 81

第5章 乡村公共广场低影响开发技术 …………………… 86
 5.1 乡村公共广场概述 ………………………………………… 86
  5.1.1 一般分析 …………………………………………… 86
  5.1.2 建设现状 …………………………………………… 87
  5.1.3 存在问题 …………………………………………… 87
 5.2 低影响开发下乡村公共广场规划 ………………………… 88
  5.2.1 场地选择 …………………………………………… 88
  5.2.2 广场用地类型 ……………………………………… 90
 5.3 低影响开发下乡村公共广场设计 ………………………… 91
  5.3.1 设计原则 …………………………………………… 91
  5.3.2 设计目标 …………………………………………… 93
  5.3.3 设计途径 …………………………………………… 94
 5.4 低影响开发下乡村公共广场雨洪控制措施 ……………… 96
  5.4.1 透水广场 …………………………………………… 96
  5.4.2 雨水花园 …………………………………………… 104
  5.4.3 植草浅沟 …………………………………………… 107

第6章 院落住宅低影响开发技术 ………………………… 110
 6.1 低影响开发下院落住宅设计 ……………………………… 111
  6.1.1 设计依据 …………………………………………… 111
  6.1.2 设计目标 …………………………………………… 114
  6.1.3 设计原则 …………………………………………… 116
  6.1.4 设计途径 …………………………………………… 118

6.2 低影响开发下院落住宅元素筛选 ·················· 119
 6.2.1 普通民居型院落 ································· 119
 6.2.2 农家乐型院落 ··································· 122
 6.2.3 民宿客栈型院落 ································· 126
6.3 院落住宅雨水资源化利用及景观营造 ·················· 135
 6.3.1 雨水利用 ······································· 135
 6.3.2 景观营造 ······································· 137

第7章 农业种植低影响开发技术 ·················· 139
7.1 农业种植污染概述 ·································· 139
 7.1.1 污染状况 ······································· 139
 7.1.2 污染治理政策 ··································· 140
 7.1.3 治理存在问题 ··································· 143
7.2 低影响开发下农业种植区规划 ·················· 144
 7.2.1 规划原则 ······································· 144
 7.2.2 规划基础调查 ··································· 145
 7.2.3 规划内容及其意义 ······························· 147
7.3 低影响开发下农业种植区设计 ·················· 149
 7.3.1 设计原则 ······································· 149
 7.3.2 设计目标 ······································· 151
 7.3.3 设计途径 ······································· 152
7.4 农业种植低影响开发下草本植物性能实例 ·················· 155
 7.4.1 草本植物抗旱能力 ······························· 155
 7.4.2 草本植物耐涝能力 ······························· 158
 7.4.3 草本植物径流污染物削减能力 ···················· 161

第8章 设施大棚种植低影响开发技术 ·················· 164
8.1 设施大棚种植概况 ·································· 164
 8.1.1 发展现状 ······································· 164

    8.1.2 设施大棚种植的废物污染 …………………………… 165
    8.1.3 设施大棚种植对乡村水文的影响 …………………… 166
  8.2 低影响开发下设施大棚种植场地规划 ………………………… 167
    8.2.1 规划原则 ………………………………………………… 167
    8.2.2 规划基础调查 …………………………………………… 168
    8.2.3 规划内容及其意义 ……………………………………… 169
  8.3 低影响开发下设施大棚种植场地设计 ………………………… 171
    8.3.1 设计原则 ………………………………………………… 171
    8.3.2 设计目标 ………………………………………………… 173
    8.3.3 设计途径 ………………………………………………… 173

第9章 散养家禽养殖低影响开发技术 ………………………… 176
  9.1 乡村散养家禽养殖概况 ………………………………………… 176
    9.1.1 乡村散养家禽养殖污染 ………………………………… 177
    9.1.2 乡村散养家禽养殖现状与问题 ………………………… 179
    9.1.3 散养家禽养殖对乡村水文的影响 ……………………… 180
  9.2 低影响开发下乡村散养家禽养殖场地规划 …………………… 180
    9.2.1 场地选择 ………………………………………………… 180
    9.2.2 场地建设规划 …………………………………………… 181
  9.3 低影响开发下乡村散养家禽养殖场地设计 …………………… 182
    9.3.1 设计原则 ………………………………………………… 182
    9.3.2 设计目标 ………………………………………………… 183
    9.3.3 设计途径 ………………………………………………… 184
  9.4 乡村散养家禽养殖场地径流污染控制实例 …………………… 184

参考文献 …………………………………………………………… 194

第1章 乡村低影响开发背景

随着人类历史发展到一定阶段,乡村应运而生,并逐渐演变成集经济、社会、文化、自然等诸多内涵于一身的综合体。乡村被公认是人口稀少、比较隔绝、以农业生产为主要经济基础、居民生活基本相似、且与城市存在明显区别的自然村落或村庄。

1.1 乡村建设政策演进

由于经历过长期封建统治,我国绝大多数乡村地区曾十分闭塞落后。新中国成立后,我国的乡村面貌发生了翻天覆地的变化。特别是改革开放后,乡村建设越来越受到重视,投入也日益增加,乡村经济状态逐渐好转。近年来,政府高层先后制定并出台了解决"三农"问题、新农村建设以及美丽乡村建设等多项相关政策,并在每年的中央一号文件中对乡村建设做出具体年度部署。

1.1.1 "三农"问题

"三农"问题,包括农村、农业、农民三大问题,是长期存在于我国社会主义现代化进程中,并在社会转型时期表现得尤为严重的问题。既是举国关注的热点问题,又是制约社会发展的难点和瓶颈所在。党的十六大以来,中央提出了以人为本、统筹城乡发展、工业反哺农业、构建和谐社会的发展理念,为解决"三农"问题提供了新的思路。在对"三农"问题的理解上,普遍认为"三农"问题的核心是农民问题。因此,将千方百计提高农民收入作为国家治理"三农"问题的首要目标,由此开启了我国乡村建设开发的新篇章。

1.1.2 新农村建设

党的十六届五中全会做出了加快"社会主义新农村建设"的重大决定,提出实施以"生产发展、生活宽裕、乡风文明、村容整洁、管理民主"为内容的新农村建设战略。"社会主义新农村建设"是党和国家在新的历史时期为解决"三农"问题而出台的一项重大战略举措。其中,生产发展是新农村建设的中心环节,是实现其他目标的物质基础。在这样的政策背景下,我国的广大乡村地区正轰轰烈烈地开展一切有利于乡村发展的生产活动,首次对乡村环境面貌提出"村容整洁"的要求,以展现我国乡村新貌,为乡村地区提供更好的生产、生活以及生态环境条件。长期以来,大部分农村地区的人居环境不能令人满意。"露天厕、泥水街、压水井、鸡鸭院",是对乡村居民生活居住环境的形象描述。乡村的道路、水系、广场、院落房舍、农业种植甚至养殖的开发建设缺乏合理的规划和设计,浪费了大量的自然资源。此外,较差的通行条件,也给乡村居民的生产、生活带来诸多不便。由于缺少硬件设施、资金支持及专业管理,加上乡村居民环保意识的缺乏,生活和生产导致的垃圾污染也日益严重。而社会主义新农村呈现出的应该是脏乱差状况从根本上得到治理、人居环境明显改善、农民安居乐业的景象。为此,党的十七届三中全会通过了《关于推进农村改革发展若干重大问题的决定》,又一次把乡村建设开发提到新的政治高度。

1.1.3 美丽乡村建设

党的十八大第一次提出了"美丽中国"的全新概念,强调必须树立尊重自然、顺应自然、保护自然的生态文明理念,明确提出了包括生态文明建设在内"五位一体"的社会主义建设总布局。"美丽中国"既不是山清水秀但贫穷落后的面貌,又不是强大富裕却污染环境的状态。只有实现经济、政治、文化、社会、生态的和谐、持续发展,才能真正实现"美丽中国"的建设目标。然而,要真正实现"美丽中国"的目标,对"美丽乡村"的建设是不可或缺的。2013年2月,农业部办公厅发布《关于开展"美丽乡村"创建活动的意见》,正式在全国启动"美丽乡村"创建工作。一场关乎我国亿万农民"中国梦"的大幕徐徐拉开。

为了响应国家号召、贯彻"五位一体"的国家战略、加快城乡一体化进程以及推进新农村建设,各级政府采取一系列行动大力开展美丽乡村建设,并已取得阶段性的成果。乡村面貌总体上获得一定改善,服务功能全面优化,农民主体地位提高,农业增产,农民增收,城乡差距逐渐缩小,广大农民群众切实体会到了幸福感,涌现出一批乡村建设典型模式。2014年农业部发布美丽乡村创建的"十大模式",分别是:产业发展型模式、生态保护型模式、城郊集约型模式、社会综合治理型模式、文化传承型模式、渔业开发型模式、草原牧场型模式、环境整治型模式、休闲旅游型模式、高效农业型模式。

1.2 乡村建设中的环境共性

1.2.1 乡村建设规划缺乏指导,自然村落不断被蚕食

快速城镇化进程引发了村镇大规模的非正规土地开发,加上缺乏规划控制与指引,乡村建设进入无序蔓延的状态,一

些地方政府片面理解美丽乡村建设等政策内涵,将城市景观设计和建造的方法直接移植到乡村,甚至在一些自然村落撤并过程中,砍伐原有的天然林木,照搬城市模式搞园艺性绿化;建造完全硬质化的道路和所谓乡村居民休闲广场,造成乡村公共绿地空间的形态和结构完全城市化;盲目建设、改造雨污管线,将应该留在区域内的宝贵水资源全部排走,致使乡村原有的生态平衡严重退化乃至消失,自然村落不断被蚕食,严重威胁城乡生态安全。这些做法非但不会让乡村居民享受到现代化的生活便利,反而让他们失去了原生态的故乡乐园。

1.2.2 城市人口逆向流动趋势日益显著,乡村生活环境条件亟待改善

随着城市规模快速膨胀,诸如建筑密度高、空气质量差、人均绿化面积少等问题不断浮现出来。近年来,我国大城市病凸显,很多居民选择定期前往乡村居住,享受乡村自然田园生活,陶冶情操,释放城市紧张生活节奏带来的精神压力,导致城市人口出现向乡村的逆向流动现象。从这方面讲,保留一部分农村人口和一定数量的自然村庄对我国城市良性发展、居民身心健康甚至未来国民经济的发展都具有非常重要的意义。然而,目前乡村建设开发往往照搬城市或中心城镇的基础设施建设开发模式,缺乏乡土特色,严重削弱了乡村的环境承载能力,造成乡村生态环境差强人意。同时,在一些丘陵甚至山区的乡村,由于远离城市却又配套

城市水电系统,导致乡村公共服务供应不稳定,居民生活条件较差。

1.3　乡村建设与低影响开发

近年来,在乡村建设政策指导和各级政府的不懈努力下,乡村人居环境正发生明显变化。村庄建设趋向于统一规划,居民住宅被集中安置,已建成了许多典型的乡村社区。乡村道路逐步得到硬质化修缮,尤其在中东部经济发达地区,几乎实现了村村通沥青或混凝土道路的状态。尽管水质还有待进一步提高,但是很多乡村地区实现了自来水的集中供应;随着自来水安装入户,很多居民家中安装了抽水马桶以取代原有的旱厕;且相应的污水管道也在逐步推广建设中,生活污水集中处理效率日益增加。乡村固体废弃垃圾收集与处理逐渐得到落实和实施。

另一方面,乡村建设中沿用城镇发展模式,搞大拆大建,反而毁坏了乡村的固有特色、传统风貌以及生态环境。特别是硬质化的建设大大改变了乡村地区下垫面类型、破坏了乡村水文机制和水文环境,使乡村雨洪问题日益严峻。而乡村雨洪管理目前尚显不足。

1.3.1　径流调蓄能力不足

随着乡村建设的深入,大规模硬质化建设导致乡村不透水下垫面比例增高,径流系数变大,而原有绿地面积减少,径流蓄渗能力减弱。同时,乡村地区缺乏有效的雨水控制设施,径流排水方式也较为落后;暴雨时径流调蓄能力明显不足,既增加洪涝隐患,也加重下游河道水系行洪压力。

1.3.2　污染净化能力不足

目前,乡村地区降雨径流污染状况不容乐观,尤其是道路、公共广场、院落住宅、农业种植甚至养殖区域的地表径流污染物浓度明显偏高。在现有的排水模式下,携带高浓度污染物的径流大部分未得到净化处理就直接流入乡村的河道水系,这严重影响区域河道水质和居民用水安全。

1.3.3　雨水利用能力不足

乡村地区的河道水系常年缺乏清淤疏通,断流堵塞现象严重,现状水质较差,受农业种植和附近工业开发的负面影响,地下水质状况亦每况愈下,居民生活可用自然水资源日趋减少。在美丽乡村建设的大背景下,很多乡村地区正在改换以自来水作为生活用水水源,但由于资金有限,自来水的全面覆盖率仍然不高。而雨水作为一种可利用的用水水源,却在很多乡村地区得不到该有的应用,雨水径流收集处理设施缺乏,大量雨水资源白白浪费。

低影响开发是专门针对雨洪问题的一种新型管理概念,目前已在城市雨洪管理中得到成功应用,其相关理念和措施尚未被应用到乡村建设中。乡村建设中雨洪管理的不足,会导致乡村水文机制的紊乱和水文环境的恶化,而水文机制和环境的保护直接关系到乡村水资源的安全利用。因此,如何解决乡村建设与水文机制和环境的保护之间的矛盾,将是乡村低影响开发需要解决的重大难题。

第 2 章

低影响开发理论与技术概述

近年来,我国城市汛期内涝现象频发,严重威胁到城市居民的出行和用水安全。相关行业和学术领域强烈呼吁应向国外学习,引进新型城市雨洪综合管理理念,弥补我国传统城市排水系统的设计缺陷,以应对城市水危机。在中央政府对新型城镇化建设的生态思想指导下,住房和城乡建设部正式提出了"海绵城市"概念,并发布相关指南,旨在降低城市发展对水文和水质的负面影响。然而,我国广大乡村地区在快速城镇化过程中尚未将雨洪的管理和控制纳入整体开发规划设计中,这不利于对乡村水文和水资源环境的保护。因此,迫切需要适用于乡村低影响开发的技术指导。

2.1 低影响开发内涵解析

低影响开发是一种新型雨洪管理概念，通过模拟自然水文机制原理，采用源头控制理念实现对场地雨水的控制和利用，它诞生于美国的雨洪管理实践。

1999年美国马里兰州乔治王子郡环境资源部首次提出利用生态水循环系统管理城市雨洪的设计概念。首次把低影响开发当成一种创新的雨洪管理方法，通过设计创造水文功能景观，以模拟场地自然水文环境，综合利用场地水文功能设计和污染物防治措施，以补偿土地开发对水文和水质所造成的负面影响。在城市规划与设计过程中，从单一地块到整个流域，全过程导入场地生态和环境的目标和要求。低影响开发能增强对地表水和地下水资源的保护能力，维持水生生命资源和生态系统完整性，以及保持受纳水体生态系统的自然特征。

美国国防部将低影响开发定义为一种维持和恢复场地自然水文功能，保护自然资源，并履行环境管理要求的雨洪控制措施。该措施运用一系列自然和建筑要素，结合场地设计总体战略和综合管理实践，减少城市地表径流率，截留净化地表径流污染物，以补充地下水。

然而，建筑与城市规划部门及相关学者更倾向于从土地开发的角度进行诠释。美国住房和城市发展部认为低影响开发是一种采用各种规划与设计技术以保护自然资源，并减少基础设施成本的土地开发方法，强调在土地开发的过程中以成本有效的方式降低对环境的影响。

相似的，美国低影响开发研究中心把低影响开发界定为一种新的土地利用规划和工程设计方法，其目标是维持城市和流域开发前后场地水文环境的一致性。建筑学者西蒙·菲尔勒认为低影响开发具有临时性、小尺度、不引人注目、主要利用地方材料、保护野生生命和增进生物多样性、消费低层次可再生资源、产生较小的交通量、用于可持续目的及积极的环境效益等特征，并具有显著降低甚至改善环境质量的功能。

尽管不同行业对低影响开发的认识不同，但仍有一些共性之处。其一是低影响开发的目标从维持场地开发前的水文环境和水文机制开始，逐步确保场地水生生物资源和生态系统的完整，保护周边受纳水体生态系统，进而综合保护自然资源、生物资源和生态环境；其二是低影响开发的内涵逐步由雨洪规划与管理扩展到场地设计、土地利用开发与规划的全过程，并逐步形成一套以水文学、水文生态学为框架的场地规划新理论和新方法。同时，低影响开发技术手段也从最初的简单粗暴型工程手段逐步演变为生态型工程手段，并进一步发展成集场地设计技术、生态工程技术以及教育管理等三者综合运用的技术手段。

2.2 低影响开发核心理念

低影响开发在指导思想上不同于传统雨洪管理。传统的雨洪管理理念强调如何通过管沟等体系快速排除场地雨水,而低影响开发则强调如何通过场地规划手段保护场地原有自然水文功能,使场地开发后的水文功能尽量与开发前的保持一致。其核心理念主要体现在以下几个方面。

2.2.1 人类生存发展与自然保护和谐统一

人类的生存发展依赖于自然,但同时又将自身的活动作用于自然环境而不断地设计、改造自然。人类生存发展与自然保护之间的和谐统一,需要进行可持续性发展,建立人类生存发展与自然保护之间的动态平衡。尽可能地减少发展对原有自然环境的破坏,既是人类发展与自然保护和谐统一的体现,又是人类与自然共存共生的有力保障。低影响开发既强调人类生存发展,又注重生态保护,其核心思想是在人类城市化过程中,采取分散的、小规模的源头控制措施,降低建设开发对水生生态系统等自然环境的冲击和破坏,最终使自然生态系统得以恢复,使开发建设后的水文环境状态尽量恢复到开发建设前的。

2.2.2 强调尊重和正确运用自然

尊重和正确运用自然规律是人类力量的源泉,也是人与其他生物之间本质的区别。在城市化进程中,人们往往忽视水文环境的客观特征,一味按照自己的意志改变场地水文和水资源环境,导致场地水生态系统遭到严重破坏,并且已经让人类自身受到了伤害。由于场地或汇水特征有地域的差异,因此不同地区开发建设中相关环境问题的解决方法也会不同。在尊重自然的基础上,人类开始寻求利用最简单的方法解决实际工程中的环境问题,提出有效利用自然环境系统存贮雨水并净化径流污染物的低影响开发手段。相比传统开发而言,低影响开发是一种原位生态设计技术,能与自然水文系统有效融合。

2.2.3 源头控制思想

随着城市化进程的加快,城市下垫面不透水面积日益增加,大大缩短了降雨径流形成时间,并增加了城市洪涝发生概率。为此,需要对城市雨洪进行更为有效的管理。传统的雨洪管理是基于末端处理思路,实行雨污分流,尽可能多地增加雨水排水管道和抽水外排设施,提高场地雨水径流排放效率,以快速削减洪峰,从而最大限度地降低城市内涝风险。而低影响开发则从径流源头出发,对雨水水量和水质进行管理,先模拟过滤、蒸发、下渗、滞蓄等自然雨水径流转移路径和水文机制,再将超出源头消减能力的部分进行集蓄或排放,达到双重调节的目的。

2.2.4　小规模分散性思想

传统的雨洪管理思路是通过竖向设计,利用排水管沟、管网等工程结构性措施来管理雨洪;但这种雨洪管理思路会导致场地开发前后的水文环境发生很大变动,也会破坏自然生态环境。而低影响开发从保护自然植被和土壤透水性出发,建设小规模的、简单布局的结构性雨水景观设施,同时注意尽量减少场地不透水面积,以模拟达到场地开发前后水文环境的一致性。

2.2.5　雨水资源化

水是生命的源泉,没有水就没有生命。地球水圈中地表水和地下水经过太阳蒸发和植物蒸腾作用变成水蒸气,在大气上空经凝集形成水滴,降落到地面形成降雨径流,重新补充地表水和地下水,从而实现水的循环。从古人采用疏通的办法成功治水开始,普遍认为快速外排是预防雨季高强度局地降雨引发洪涝灾害的最直接有效的措施。为此,传统雨洪管理的主要手段就是采用工程性人工措施排出场地汇流的雨水径流,以防止洪灾发生。毋庸置疑,这种传统的观念视雨水为"废水",虽有利于预防雨洪灾害,但这种简单粗暴的预防雨洪的方式,完全忽略了事物的两面性。降雨作为水循环过程的重要一环,任何局部地区如果缺少雨水补充,那么将会出现水资源短缺的危险。因此,从这方面来讲,雨水对人类也具有非常有用的一面。

近年来,随着人们对雨洪管理理念的转变,对雨水进行收集和利用的设想在雨水低影响开发管理理念的指导下得到体现。低影响开发通过一系列分散的小型化的源头管理措施,充分利用客观环境条件,增加雨水下渗、滞蓄能力,尽可能将雨水消纳于源头。同时,在处理设施末端设置溢流装置,当径流流量超过源头控制设施的设计能力时,将一部分雨水进行溢流处理,并在排入受纳水体前进一步净化处理,以截留径流污染物。可见,低影响开发雨洪管理措施将源头控制、中段拦截和终端处理进行有机结合,既能降低城市建设开发对城市水文环境系统的破坏,又能通过土壤和植被的净化作用,有效改善径流水质,以安全补充地表水和地下水,将雨水就地资源化。

2.3 低影响开发原则和目的

2.3.1 低影响开发的原则

1)场地扰动最少化

尽可能多的保持开发场地原有水文环境等自然生态功

能，使下垫面不透水面积最小化，通过植草沟渠、生物滞留池等结构性生态设施，使不渗透区域的表面径流被分割处理，实现对开发场地扰动的最少化。

2) 基于"小规模、分散化、源头式"设计理念

相比于传统"大规模、集中式、终端处理"的雨洪管理措施，低影响开发技术从源头控制着手，利用分散式小规模设施，迟滞暴雨径流形成时间，延长径流汇集路径，降低不透水表面雨水径流汇集到排放节点的流速和流量，减轻排水系统的运行负荷和压力。同时，小规模、分散化的特性能够适应当前密集城市化建设开发导致用地紧张的现状，在极其有限的用地空间规划中，维持城市化开发过程中的水文状况和水循环。

3) 创造多功能雨水景观设施

低影响开发尝试在街道、广场、停车场、人行道路、建筑屋顶等基础设施中植入花、草等绿色元素形成多功能景观。这不仅能满足基础设施正常使用要求，而且兼具美学功能，增添城市活力，为城市居民提供舒适的生态环境；同时径流污染物能够通过过滤、吸收得到截留净化，实现雨水更加安全地补充回灌地下水。围绕"绿色、生态、低碳"的主题，增加城市绿色覆盖率，以此抑制并抵消传统"灰色"基础设施建设对自然环境产生的负面影响。通过场地规划设置大量绿地，利用植物蒸腾，降低城市热岛效应带来的雨洪灾害，吸收温室气体，改

变城市空气状况,降低全球温室效应产生的危害,从根本上阻止极端气候的出现。

2.3.2 低影响开发的目的

与传统的集中式终端处理技术相比,低影响开发的目的是通过结构性和非结构性工程技术措施,创建绿色景观,模拟自然水循环系统的土壤渗透、径流储蓄、植物蒸腾等功能,降低场地开发的负面影响,确保开发前后水文生态环境功能的基本一致。可从以下几个方面进行理解。

1) 保护自然生态

从场地总体规划、大面积开发和产地局部开发的角度进行分析,低影响开发充分尊重场地自然生态资源,包括场地自然植被、天然湿地生态系统、原有生态排水模式以及自然地形地貌等,通过尽量维持现有自然生态资源的形态面貌,降低开发对自然生态的破坏,减少下垫面的硬质化程度,实现对自然生态的保护。

2) 保持下垫面渗透性

下垫面的渗透性能够影响地表径流的流动状态,决定雨水径流就地补充地下水的能力。低影响开发通过场地合理的规划设计,减少场地自然下垫面性质的改变,或通过工程性的透水铺装,实现对下垫面渗透性的保持。

3）就地截留存储雨水资源

传统雨洪管理利用硬质化排水管沟、高功率抽水设施等将地表径路输送到大型雨水调蓄水池等终端存储系统中，而低影响开发则利用小规模、分散式、源头截留性生态设施，如生态滞留地、下凹绿地、雨水花园等，就地对场地内径流雨水进行截留、渗透、过滤和存储处理，将洪峰削减和径流污染源头控制有效结合，实现对雨水资源的高效管理。

2.4 低影响开发常用技术措施

低影响开发技术包括滞留渗透、运送传输和受纳调蓄等三种常用类型雨洪管理措施。滞留渗透能对雨水径流水质、水量进行减排，降低大规模径流形成洪灾的隐患，是雨水补给地下水的重要手段之一。雨水花园、绿色屋顶和透水铺装等都是滞留渗透的主要设施。运送传输是指对超过源头处理能力的雨水径流在输入终端处理设施的过程中进行截留、下渗及过滤等操作，其具体设施包括植草沟渠和旱溪等。受纳调蓄是对降雨径流进行收集、存储和净化，将雨洪危害转化为雨水资源，是雨水回用的重要保障，也是补充地下水的主要途径之一，其具体设施包括雨水塘、下凹式绿地、雨水桶及干井等。

2.4.1 滞留渗透措施

1) 雨水花园

雨水花园(或称生物滞留系统)是低影响开发的一项重要技术措施。通过在低洼区域种植灌木、花草以及树木等植物达到对场地雨水径流的滞留净化,同时兼具美化环境的景观效果。主要机理包括土壤和植被的过滤作用、植被的蒸腾作用、土壤的蓄水滞留作用以及土壤微生物降解作用,这些作用能导致雨水就地入渗或蒸发,从而减少或迟滞场地径流的形成时间和规模。雨水花园具有延缓降雨径流、降低污染物负荷及显著的景观美学价值等特点,同时易于与场地自然生态景观相融合,从而使其造价较低、施工相对简单。目前,欧美发达国家已广泛应用雨水花园控制城市径流污染和预防雨洪灾害。

根据调控目的不同,雨水花园可细分为两类:以控制径流水量为主的雨水花园和以控制径流水质为主的雨水花园。前者的主要功能是减少汇水区域雨水径流量,同时兼具净化径流水质和美化环境甚至补充地下水的用途,一般适用于水质较好、汇水面积较小的区域,如污染负荷相对较小的屋面雨水、城乡分散住户的院落径流等。后者的主要功能是处理污染较为严重的初期径流,通常适用于径流污染严重的城市公共建筑区、商业区、工业区以及住宅区的建筑、停车场、道路等。

雨水花园可建造在黏土、砂土甚至其他类型土壤上,其构造主要包括蓄水层、覆盖层、植被及种植土层、人工填料层、沙层、砾石层、水管与防渗层等,各构造的主要功能如下:

(1) 蓄水层的主要功能是对降雨径流进行暂时存贮,为雨水中可沉颗粒物争取下沉时间,使其获得沉降去除,同时使附着在这些可沉颗粒物表面的无机和有机污染物得到共沉。

(2) 覆盖层通常由天然植物填料(如枯草、干树皮等)组成,保护雨水花园蓄水净化功能正常发挥,其主要功能是阻止雨水花园土壤水分在旱季的蒸发,避免由于水分流失而导致土壤孔隙率的下降;同时在覆盖层和种植土层之间为微生物提供良好的生存环境,有利于发挥微生物对雨水径流中有机物的降解作用。

(3) 植被及种植土层的主要功能是利用生长过程中,植被对雨水径流中无机氮、磷营养盐,有机碳氢化合物及重金属等污染物的根系吸收和枝叶蒸腾作用,实现对雨水径流污染的净化。

(4) 人工填料层的主要功能是利用高渗透吸附性材料充分过滤径流中细微颗粒物。

(5) 沙层的主要功能是防止由于雨水径流流速过快,冲击植被及种植土层,使土层中的土壤颗粒进入砾石层,避免穿孔管堵塞。

(6) 砾石层,或称基础层,其主要功能是支撑整个雨水花园结构,保证雨水花园在降雨径流冲击下的完整性和整体功能发挥。

(7) 水管和防渗层是雨水花园中辅助性结构。其中，水管包括溢流管和穿孔管两种类型，保证雨水花园系统与其他雨水排放收集系统的连通性。

雨水花园的场址选择应遵循因地制宜的原则，利用好原有地形地貌特征，并结合场地自然植被位置、类型、功能和性质综合考虑。在场地规划时应着重考虑以下几点：

(1) 事先评价场地适应性。首先，调查场地内土壤的渗透性，为雨水花园的建设选择渗透性较好的地块；其次，考察周边自然植被景观，使雨水花园的规划设计与周边自然环境保持一致。

(2) 避开现状建筑物或工程性基础设施。在雨水花园场地规划时，一方面，应对场地内现状建筑物或工程性基础设施（如地下管线等）进行勘察，避免由于雨水花园建设而引起现状建筑物或工程性基础设施的安全风险；另一方面，现状建筑物过高的情况下，很可能导致雨水花园得不到充足太阳光照射，导致雨水花园中植被功能无法正常发挥。

(3) 尽量靠近雨水径流汇积处。基于对场地地形地貌的考察，获得场地汇水坡度、径流宽度以及径流系数等基础资料，确定场地雨水径流汇积处，并以此作为雨水花园建设场址。

(4) 搞清场地内地下水水位分布。雨水花园一般依靠重力流的作用在雨水径流下渗过程中实现对污染物的净化；若在地下水位过高的位置建设雨水花园，其中的雨水下渗能力较差,不利于雨水花园功能的发挥。

(5) 充分利用地形地势。雨水花园场址应尽量选择地势平坦的区域,便于施工,节约成本,方便维护。

由于降雨的不连续性,雨水花园可能会面对长时间的雨水浸泡或干涸状态,所种植植物的生长环境比一般市政浇灌的人工养护花园中植物的生长环境恶劣得多。因此,雨水花园的植物选择应优先考虑适应力强、成活率高的植物,其选择原则主要包括:根系发达程度、耐旱耐涝程度及对当地气候的适应程度。此外,还要注意植物的生态性、安全性,合理配置植物,提高净化性和景观性。这些均有助于促进雨水花园中植物的存活和保护生物的多样性,使雨水花园既具有雨水调节功能,又具有一定的美化生态环境效益。

2) 渗透铺装

渗透铺装指采用各种人工合成的多孔材料,代替传统混凝土或沥青等完全硬质化施工材料铺设而成的能使雨水径流快速就地下渗的透水性表面,是低影响开发最小化不透水面积的主要技术措施之一。渗透铺装能迟滞暴雨径流的形成时间和规模,并实现雨水就地补充地下水的目的。因为渗透铺装所用的透水材料通常是按一定配比人工合成的多孔混合骨料,虽然空隙率较高,但是材料的压实度和密实度比传统硬质化表面的低,所以渗透铺装一般适合在停车场、公园、广场和人行道路等承载量较轻的场地进行使用。

根据材料透水性能和铺装工艺的不同,渗透铺装类型大致包括渗透砖铺面、草皮砖铺面、实心砖铺面、用细碎石或鹅卵石铺面以及用孔型砖加碎石铺路。通常渗透地面由五部分组成,分别是透水面层、找平层、基层、底基层和土基。根据铺装场地、材料的透水性能、铺装地面的服务类型的不同,渗透铺装的结构略有差异。

3) 绿色屋顶

绿色屋顶,或称植被屋顶、生态屋顶或屋顶花园,也是最小化城市不透水面积调控径流雨水的低影响开发技术措施之一。广义上讲,绿色屋顶是指在各类建筑物、构筑物等顶部表面大量种植绿色景观的活动。通过对构筑物顶部表面雨水径流的收集,达到从源头实现雨水减排的目的,同时可对雨水径流进行最大限度的存储,用于如冲厕等部分生活用水来源。另一方面,也能为各类建筑物营造绿色元素,特别是在夏季为建筑物降温,改善人们的居住环境。

绿色屋顶按技术类型分为传统型、集约型、密集型三种类型。

(1) 传统型,是一种构造与自然植被相类似、施工操作比较简单的屋顶绿化类型。多用于坡面屋顶绿化,以铺设植被草皮、攀缘植物为主。具有施工工艺简单、建造成本低、建设速度快、维护管理方便等优点,适用于建筑密集或不便大规模工程施工改造的区域。

(2) 集约型(又称半密集型),是介于传统型和密集型之间的一种形式,常见于中低层建筑的水平屋面。与传统型相比，集约型的施工难度更大，技术要求以及对屋顶的承载力要求也更高。

（3）密集型，是集乔本、灌本及草本等植物，以及人行小道和廊亭等相互融为一体的小型化生态公园，结构复杂，规模各异，比较适合建设在大平台的平屋顶上。

绿色屋顶的构造主要包括屋面承载结构层、防水层、排泄层、过滤层、植物生长介质层和植物层等。

2.4.2 运送传输措施

1）植草沟

植草沟，又称植被浅沟或浅草沟，是一种长有植被的生态景观性雨洪排放措施，通常与其他管理设施联合使用。它既可以依靠重力流排出雨水径流，又可以截留净化雨水径流携带的污染物。由于植被的迟滞作用，植草沟中径流系数较小，这导致雨水径流的流速一般偏低，有利于植草沟的滞留、植被过滤和土壤渗透作用的充分发挥，实现对雨水径流中大部分悬浮固体颗粒和部分溶解态污染物的去除。通常被用于公园广场、加油站、停车场、住宅区等开放空间。

植草沟按传输方式分为传输草沟、干草沟、湿草沟。传输草沟是指敞开的浅型植草沟，沟底为透水性土壤，其上植被生长茂盛。雨水径流的流入不会淹没植被的茎叶。一般适用于人口密度较低、场地用地开阔的居住区或工业区甚至高速公路的排水系统。

与传输草沟类似,干草沟也是敞开的,然而所不同的是,这种类型草沟的沟底采用的是人工改良的土壤,渗透性较强,并在土壤下面铺设地下排水管道,使雨水径流下渗后能迅速传输转移,提高整个草沟的过滤能力,以保证雨水传输和净化效果,同时保证植草沟的快速干燥。

与干草沟不同的是,湿草沟沟底采用的是不透水土壤,使得该类型草沟内的雨水径流不能下渗,长期保水,类似于湿地系统。一般适用于高速公路排水系统或小型停车场等。此外,由于该类型草沟内长期潮湿,易于引发异味和蚊蝇等负面影响。

目前,植草沟已在国内外获得广泛应用,具有投资少、施工简单、管理方便等优点,可以与雨水花园、人工湿地等进行联合处理场地雨水径流。

2) 旱溪

作为低影响开发技术中传输雨水径流的主要措施之一,旱溪是一种导水带,通常由卵石铺设而成,其形状走势蜿蜒曲直。旱季无水流,雨季汇集排放雨水,能将雨水迅速输送至汇水区,并可防止土壤因雨水冲刷而发生表层侵蚀。与植草沟相比,旱溪施工操作更简单、更易于维护,但过滤净化效果没有植草沟明显。因此,在设计旱溪时应注意卵石用料的选择与级配。其中,粒径较大的用料应铺设在溪床的底部位置,粒径较小的用料应铺设在溪床的边缘位置,这样可降低旱溪中水流流速,避免底层土壤侵蚀流失。在水流流速较快的入水口及转弯处,为防止溪床被水流冲毁,应适量加大溪床的宽度,并选用粒径较大的用料;而在水流流速较缓的出水口处,应选用粒径较小的用料,以改善细颗粒的过滤效果。

2.4.3 受纳调蓄措施

1) 雨水塘

雨水塘(或称天然湿地系统)是一种具有受纳、调节、集蓄及净化等多种雨水控制功能的间歇性水体景观设施,能够迟滞雨水排入场地周边河道水系的时间,消减洪峰流量,从而降低雨洪风险。雨水塘可利用的雨水存储空间位于雨水溢流口与常水位之间的部分,能在一定程度上减轻地下排水管网的负担。同时,能与周围景观生态较好地融合,既可以防止雨洪危害,又可以美化生态环境。

2) 下凹式绿地

周围标高比自身高的绿地区域就可被称为下凹式绿地,它是雨水径流调蓄技术主要组成部分之一,可将不透水表面雨水汇流集蓄,并缓慢下渗,以降低雨洪风险。根据收集方式的不同,下凹式绿地又分为引入式绿地下渗模式、集蓄灌溉绿地模式和雨水入渗收集综合模式。

下凹式绿地的功能主要包括:在暴雨来临时,能减轻城市内涝，增加雨水在土壤中的下渗量，提高雨水补充地下水的效率，并为市政绿地补充水分；能有效截留去除雨水径流中悬浮颗粒物、无机污染物和有机污染物等。

作为一种生态型的雨水滞留措施，下凹式绿地可被用于广场、街道、建筑物周边等不透水表面，也可被用于城市立交附近或空间宽广的城市郊区。

3）雨水桶

雨水桶是一种单纯性的雨水收集与回用装置。可用于收集降雨时的屋面雨水径流，收集的水经一定时间沉淀后，可用于绿化提灌、冲厕和道路清洗等用途。目前，该技术已在国外得到广泛应用，而在国内尚处在研究推广阶段。

4）干井

干井是一种专门用于针对屋面雨水径流截留、净化的地下蓄水设施，可用土工布织物骨料或用预装式储水格间进行内部装配，并采用细沙或碎石材料进行填充成型。与传统的蓄水池不同，干井内集蓄的雨水能缓慢渗入地下，其中的颗粒物能被细沙、碎石或土工布织物过滤、截留。

第 3 章 乡村道路低影响开发技术

我国的广大农村地区流行着这样一句话,"要想富,先修路",切实反映了乡村道路对农村建设发展的重要性。乡村道路是新农村建设的重中之重,修建良好的乡村道路能使乡村交通运输更加便捷,并降低运输成本,是增加农民收入的有效途径,同时还可以更好地促进城乡联系和沟通,对于改善农民生活、提高农村经济效益有着十分重要的意义。目前,我国东部地区发达乡镇农村道路网络已日趋完善,且多以水泥混凝土路面为主。然而,已有的乡村道路建设要么是在原有道路基础上拓宽翻新,需要破坏原有道旁树木,要么是完全新建,需要占用原有其他用途的土地,如绿地、林场等,这些均会改变公路周边的水文生态环境。近年来,降雨路面径流对公路周边水体、土壤等环境的负面影响已受到广泛关注。因此,选用什么样的材料,怎样建设乡村道路,才能降低对乡村水文环境的负面影响,并保持道路基本通行功能非常重要。

3.1 乡村道路的概况

3.1.1 一般分析

1) 乡村道路的概念

乡村道路是相对于城市道路、高速公路、省道国道而言的,其概念在理论上尚未有定论。根据功能类型,乡村道路可分为通乡镇、通行政村的公路,乡村内部交通联系村道和接通各院落住宅门前小路等,其中通乡镇的道路又可细分为三种类型,一种是由县城通向乡镇的公路,一种是乡镇连接乡镇的公路,还有一种是乡镇通行政村的公路。本书中所指的乡村道路主要包括乡道和村道。

2) 乡村道路的特点

从乡村道路的路线、等级和养护角度分析,由于乡村居民住宅相对比较分散,为满足将道路延伸到户的要求,乡村道路网一般纵横交错,具有路线多、覆盖面宽的特点。从等级上说,由于乡村道路主要服务对象是乡村居民的生产和生活,道路的通达性是优先考虑选项,所以乡村道路等级往往较低,以公路四级以下为主。从养护难度上看,乡村道路数量繁多,分布特别广泛,所连通地区的自然环境、经济社会条件及发展水平差异比较大,导致乡村道路修建后养护所需的人力、财力投入大,而目前乡村尚无相应的管理部门和资金支持,乡村道路养护难度很大。

3) 乡村道路交通状况

乡村道路的服务对象主要包括:三轮农用车、四轮农用车、低速货车、轻型卡车、拖拉机、小型客车、小汽车、摩托车(含三轮摩托车)、电动车等非人力车,还有自行车、人力三轮车、平板车以及逐渐淡出人们视野的兽力车等非机动车,偶尔还会有中大型载重汽车。具有本地交通需求小、过境交通少、车辆荷载轻等特点。

3.1.2 水文环境分析

1) 雨水径流水质

道路雨水径流水质优劣与道路交通量、周边用地类型直接相关。与城市道路相比,乡村道路机动车交通量小,周边多以农田、院落住宅为主,大气干湿沉降对路面雨水径流污染的贡献很少。因此,乡村道路雨水径流水质相对较好。

2) 路面径流排水方式

我国乡村地域广阔,乡村居民住宅分散,乡村道路缺乏整体规划,路面不透水表面积大,道路排水方式单一,设施稀缺。目前,大多数乡村道路排水仍然依靠自然地理高程漫流排放,少数发达乡村道路建设有边坡明沟、导流渠排放。

(1) 自然排水

乡村道路自然排水主要沿地面坡度方向进行,地面坡度是决定道路地表径流流向和流速的主要决定因素。降雨时,沿道路两边区域小范围内,地势最低的点很快会被汇流的路面雨水径流淹没,轻则形成水塘影响出行,重则毁坏低洼处的农田耕种。因此,采取自然排水方式的乡村道路如果没有周密的规划设计,很容易就会破坏乡村道路周边的水文环境。

(2) 工程设施排水

明沟和导流渠是乡村道路建设中最常用的工程性排水设施。一般以砖混结构为主,乡村道路越长,造价较高。因此,这类设施多见于经济发达地区的乡村道路两旁。然而,在乡村道路建设过程中,建造配套的不透水工程性排水设施,其目的往往是单纯地将路面雨水径流快速排入周边受纳水体环境中,但这很可能增加受纳水体的水量和水质压力,也很容易导致河流水位的快速上涨,引发区域内雨洪风险。

3) 汇水面覆盖状况

乡村道路建设越发达,其所引起乡村区域不透水面积越大，汇水面覆盖越广。而汇水面的覆盖状况决定了雨水径流水量和水质。因此，制定道路建设方案前应充分了解乡村道路在乡村区域中所占面积比例等情况，确定乡村道路建设对乡村区域，特别是道路周边水文环境的影响程度，从而为低影响开发技术措施选择提供前提条件。

3.2 低影响开发下乡村道路规划

随着乡村经济的发展，乡村居民收入水平的提高，乡村私家车数量和种类增加，原有乡村道路已不能满足日益增加的通行荷载需求，迫切需要进行加固或新建。而乡村道路建设规划在乡村建设中的位置和作用非常重要，是乡村全域规划内容的主要组成部分，对乡村其他用地类型（如河道水系、公共广场、院落住宅和农业种植等）的规划具有重要参考价值。

由于乡村道路建设整体规划的缺失，大多数乡村地区道路建设随意性比较大，很少考虑乡村文化、民俗、水土气候及植被等因素。加固翻新道路时往往会破坏道路两旁的树木、草地等自然植被；完全新建道路时，由于需要占用其他用地类型，如耕地、林地等，对乡村自然生态的破坏程度更大。因此，在低影响开发下，乡村道路建设规划应坚持以下必要原则。

1）保护自然植被

乡村道路建设规划应该充分考虑到道路所经区域周边自然植被，确保开发建设干扰破坏最小化，以保护乡村自然植被，保持自然生态与乡村发展的平衡，为乡村道路低影响开发设计保存尽可能多的植被要素。

2）尽量避免占地、拆迁

乡村道路建设规划时应做到尽量少的涉及农田、林地等农业或林业用地，以保护土地资源；尽量少的涉及农户住宅，减少对农户住宅的干扰，避免村庄聚落布局受到破坏。

3）减少对河道水系干扰

乡村河道水系承载着乡村生活和生产用水的水量和水质安全，环境敏感性较高。因此，乡村道路建设规划时应该尽量避免紧临河道水系，以免在建设和通行使用过程中对乡村河道水系的污染破坏。

4）尊重地形地质

一般而言，乡村原有道路路线均是依据当地的地形地势，经受住地质变化考验，长期积累所致。因此，乡村道路建设规划时应尽量选择原有乡村道路路线，新建道路的规划也应该按照当地地形变化和地质条件进行。

3.3 低影响开发下乡村道路设计

3.3.1 设计理念

传统道路设计往往单纯增加不透水表面,通过竖向设计手段,将雨洪迅速排入雨水管网,最终排入河流水系或进入处理终端。而乡村道路低影响开发则通过开发低成本、透水性、有一定抗压强度的路面材料,对路面雨水径流进行拦截和下渗,以期从源头控制路面径流的形成时间和规模,降低路面径流对水文环境的负面影响。然而,道路的透水性通常会导致雨水渗入路面基层内部,可能使路基强度和稳定性受到破坏。因此,乡村道路的低影响开发应确保路基强度和稳定性,采取必要的防渗措施,并适当调整路面坡度,以利于雨水径流下渗排出。

与城市道路不同,乡村道路路基或路面往往高于周围用地类型(如草地、河流或自然边沟等),这些天然的环境条件在简单的、非结构性改造之后,便可以被用于低影响开发下的运送传输和受纳调蓄措施,以降低乡村道路建设对乡村区域水文环境的破坏程度。

3.3.2　设计原则

1) 保护道路周边水文环境

在乡村道路开发建设之前,应充分调研考察乡村道路周边原有水文环境情况,确定道路周边的水文敏感区域,例如,农田、河流等。同时将区域内具有收集、渗透以及涵养水源功能的部分(如下洼草地、植被边坡等)进行整合划分,通过小尺度规模的非结构性措施(如自然冲沟、边沟等),与透水路面有机结合形成小型化雨洪管理模式,从而有效保护道路周边水文环境。

2) 与区域规划相协调

与城市道路建设不同,传统乡村道路建设规划缺乏相关技术人员和有效运作资金,很难统一规划,导致乡村道路建设随意性大,部分道路建设不合理,再规划的困难加大;另一方面,也忽视自然水循环的规律,破坏正常的生态平衡,极易造成道路周边的生态失衡。

基于低影响开发理念的乡村道路建设应结合道路周边原有地形布局,通过与区域规划的协调,整体布局,尽量减小路网总长度,减小道路宽度,并在部分道路节点采用透水材料建造的工程性措施,从而降低不透水面积。另外,基于区域整体规划,还能将乡村道路与道路周边绿色植被、自然下垫面有机整合,降低道路建设引起区域不透水面积增加所带来的水文环境风险。

3) 消减径流量和污染物

乡村道路建设必然导致原本道路自然状态的改变。新建乡村道路等级提高,交通状态发生变化,机动车数量增加,这些必然导致路面污染物含量的增加。降雨时,形成的路面径流未经处理直接流入乡村道路周边农田、河流或裸露的土壤,都将对乡村自然生态环境造成污染。另外,新建乡村道路目前多以不透水混凝土或沥青道路为主,不透水表面增加,路面径流形成时间大大缩短,一旦遇到降雨强度和降雨量均较大的降雨事件,极易引发道路边坡土壤的冲刷侵蚀,危害道路周边环境安全。

基于低影响开发理念的乡村道路建设,应充分考虑到新建乡村道路可能带来的路面径流水量和径流污染物的增加。对道路边坡进行植被化,避免边坡存在裸露土壤,利用边坡植被对降雨路面径流污染物进行截留,保护边坡免受径流冲刷侵蚀;利用透水材料建设,截留部分路面径流水量。

4) 注重成本和经济效益

在乡村道路建设过程中减少传统纯水泥混凝土或沥青施工铺设,是低影响开发价值体现之一。乡村道路建设改造,不应只是用纯水泥混凝土或沥青对路面进行浇筑,形成不透水硬质化表面,这不仅会耗费巨大建设成本,改变乡村整体下垫面格局,也会增加乡村区域的雨洪风险,使得乡村道路建设的经济效益得不到最大限度体现。随着建造工程材料研究的深入,低影响开发下的道路建设材料的可选择性扩大,如河道淤泥、建造垃圾等,均可作为透水路面基层骨料成分,这能大大降低乡村道路建设的成本,同时使得新建道路具备透水性功能,降低了乡村道路的硬质化程度。

3.3.3 设计途径

1) 源头消减

将乡村道路路面径流总量和污染物作为目标,采取低影响开发措施确保路面雨水径流被就地消纳、净化并补充地下水。

(1) 迟滞路面径流形成

路面径流形成的时间和规模与降雨特征、路面硬质化程度有很大关联。其中降雨特征,如降雨量和降雨强度取决于地区气象条件,不受人为控制,只能作为道路规划设计时的参考;而路面硬质化程度则取决于施工材料和工艺,可受人为控制。因此,在乡村道路施工建设过程中,低影响开发迟滞路面径流的设计途径应是在保证道路抗压强度的前提下,利用透水性建筑材料或改变不同骨料之间的配比增加空隙,从而使路面径流尽可能多的就地下渗,延长路面径流形成时间和规模。小降雨事件中,该设计途径效果比较明显,甚至导致路面无径流产生;而大降雨事件中,该设计途径也能保证路面初期径流被明显滞留。

(2) 利用好道路边坡

与城市道路周边紧张的用地类型不同,乡村道路建设用地通常比较宽松,道路两旁的边坡相对较宽。然而,乡村道路边坡多处于自然状态,没有人为种植,更没有人为维护管理,往往导致边坡植被生长疏密程度不一,有些地方甚至出现裸露的土壤边坡,没有植被生长的情况,特别是北方少雨地区,这种情况更加常见。在低影响开发技术措施中,植被过滤带是一种介于污染源和水体之间的植被区域,可有效拦截、滞留泥沙并消减氮磷污染物。而道路两旁的植被边坡具有与之相类似的功能,也能从源头起到滞留消减径流污染物的重要作用。因此,低影响开发下乡村道路建设设计途径还应包括:在乡村道路建设过程中,尽量减少对两旁紧邻道路的植被的人为扰动破坏;在道路建成后,尽快修复道路两旁的植被。利用好道路两旁的边坡土壤和植被,从乡村道路路面径流源头对径流污染物进行控制。

2) 中途转输

中途转输主要通过多种工程性措施改变地表径流活动路径,在雨水径流运送过程中达到截留、蓄滞、过滤净化的目的。低影响开发下乡村道路路面径流的中途转输的途径主要是改进路面排水方式。首先,可采用生态排水的方式,沿道路两旁地势低洼的公共用地修建植被浅沟或者旱溪,将流入的路面径流进行截留、下渗并部分转输进入就近收集调蓄设施;其次,在对道路及其周边地形地貌进行勘察规划的基础上,优化道路排水方向,调整原有道路横坡和纵坡方向设计,人为设定排水控制点。

3) 末端调蓄

乡村道路雨水径流在经过源头控制和中途转输阶段的滞留、下渗及植被过滤处理后,仍有可能形成大的汇流,威胁道路周边农田等水文生态环境。因此,低影响开发下的乡村道路有必要采取调节集蓄措施,以应对可能的雨洪风险。首先,可以利用自然调蓄设施,乡村道路周边自然河流、水溪或者公共地势明显较低的洼地,均可以成为道路径流排泄的末端调节集蓄的场所;其次,可以适当增设人工调蓄设施,在道路周边条件不利的地方,人为创造下洼式绿地或湿塘系统。一方面可以防范可能的雨洪风险,另一方面也可为乡村地区农业灌溉等生产生活用水提供补充。

3.3.4 道路周边要素设计

1) 地形地貌

雨水排放方向与地形地貌息息相关,地表径流通常会沿着地形从高到低的方向流动。乡村道路建设若不考虑地形地貌的存在,肆意建造,暴雨时形成的路面径流有冲刷侵蚀周边土壤环境的风险。因此,首先需要对乡村道路建设区域地形地貌进行勘察和分析,它是整体综合规划布置和实施乡村道路低影响开发技术措施前最为基础的工作之一。根据乡村道路所经区域的地形地貌,包括山地、丘陵、高原、平原和盆地等五种基本地形地貌,绘制等高线地形图。然后,沿道路建设路线对道路及其周边场地进行流域分区,并计算每一个分区内场地汇流坡度和特征宽度。低影响开发下乡村道路周边地形地貌的设计方式,主要是通过顺应与模拟自然水流流向,局部进行人为微调整以控制路面径流排水方向,增设径流汇水节点,确保径流分散排放、有效分流,降低径流水量,达到雨洪管控、预防局部洪涝灾害的作用。

2) 土壤

土壤渗透率和深层蓄水能力是低影响开发滞留、下渗和调蓄措施位置选择和规模设计的重要影响参数。因此,乡村道路低影响开发技术措施类型选择参考道路及其周边原有土壤的稳定性和渗水性。当道路及其周边土壤下层土质松软时,如湿陷性黄土类等,尽量少用透水材料进行建造或者对路基进行防水加固处理,以避免降雨时路面径流过多入渗,影响路基结构,造成路面开裂或塌陷;应尽量将渗水设施布置在道路两旁地势低洼的边沟或植被处。此外,土壤环境在道路建设过程中也会发生很大变化,与自然状态下的土壤结构差异明显。另一方面,乡村地区道路经常穿越农业种植区,长期的农业种植导致道路沿线周边土壤下层土质变硬,土壤坚实度增大、透气性降低,孔隙率减少,这些区域土壤不利于雨水的自然下渗。低影响开发过程中应对这类道路周边土壤进行松动翻新,并种植植被,改变土壤的渗透系数,以增加路面径流的下渗率。

3）植被

乡村地区的原生植被大部分是自然生长的,种类比较杂乱,分布也不均匀。在乡村道路建成后,道路周边的原生植被往往在很长一段时间内得不到恢复。而低影响开发技术措施大多依靠植被层来调节场地水循环过程,确保场地开发前后水文环境的一致性。因此,在低影响开发理念指导下,乡村道路周边植被覆盖设计应将低影响开发设施与原生植被恢复相结合。在满足乡村绿色生态环境基本功能的同时,对道路雨水径流进行滞留、过滤控制。具体而言,结合乡村道路两边植被恢复规模与竖向设计,在道路周边布置低影响开发设施对路面径流污染物进行过滤、滞留,如植草浅沟、下凹式绿地和植被过滤带等,并与超标雨水径流排放系统衔接,将未能及时消解的雨水径流通过管道排出场地,对雨水进行综合利用。

3.4 低影响开发下乡村道路施工技术措施

路面施工技术是乡村道路低影响开发的关键和瓶颈所在,对降雨路面径流迟滞、截留以及防侵蚀意义重大。本节将结合"长三角快速城镇化地区美丽乡村建设关键技术综合示范"项目研究结果,介绍低影响开发下乡村道路路面设计总体要求和材料选择实例。

3.4.1 路面设计总体要求

道路按功能主要分为人行道和车行道两种,根据 3.1 节中有关乡村道路一般分析的介绍可知,乡村道路服务等级不高,在低影响开发下的施工可优先对人行道和景观绿道采用透水路面标准进行建造,并应满足整体强度、刚度和稳定度,满足抗滑、平整的要求。

其中,柔性基层可不设垫层。地下水较高,路基处于潮湿状态路段的人行道或绿道应设置垫层。面层为透水砖的人行道垫层材料宜采用透水性能较好的中砂或粗砂。柔性基层适用于土基状态较好、碾实条件良好的路段或要求人行道或绿道结构透水的路段。砂砾(砾石砂)混合料的最大粒径应不大于 53 mm,并不大于层厚的 70%,4.75 mm 以下的颗粒含量应为 30%~50%,石料压碎值应不大于 40%。面层为透水砖的半刚性基层,其有效孔隙率应大于或等于 12%。

路面材质与铺设效果实例见表 3-1 所示。

表 3-1 路面材质与铺设效果实例

面层类型	适用道路
透水彩色沥青	乡村内部主干道,支路
沥青混凝土	连接村落之间与交通枢纽的四级公路
透水砖路面	景观绿道,人行道

沥青路面设计应符合以下基本要求:

(1) 沥青路面可分为面层、基层和垫层三个主要层次。

(2) 面层应具有足够的结构强度和高温稳定性、低温抗裂性,还应具有抗疲劳、抗水损害及良好的表面特性;沥青面层应具有抗车辙、抗低温开裂、抗疲劳(耐久)、抗剥落的品质,以及平整、抗滑、耐磨、低噪声的表面性能。

(3) 基层应具有足够的强度和扩散荷载的能力并具有足够的水稳定性;沥青路面的基层、底基层应具有足够的强度和稳定性,在冰冻地区应具有一定的抗冻性;半刚性材料基层应具有较小的收缩(温缩和干缩)变形和较强的抗冲刷能力。

(4) 垫层应具有一定的强度和良好的水稳定性。

(5) 沥青路面结构应具有足够的结构承载能力和耐久性,良好的行车舒适性、安全性和车辆运行的经济性,并尽可能减少对道路周围环境的负面影响。

3.4.2 施工材料选择实例

结合乡村道路交通量低、使用性能差等特点,从生态、持续、安全、宜居的角度出发,根据乡村本土可再生资源的特性,重点介绍气泡混合淤泥路基材料的透水性能和PAC-13、PAC-16等两种路面材料矿料级配及其最佳油石比,为乡村道路低影响施工材料选择提供实例参考。

1) 路基材料透水性能

以700级透水性气泡混合淤泥土为例,介绍在不同高水灰比、低水灰比以及砂掺量条件下的透水性能(表3-2,表3-3,图3-1)。

表3-2 0.55、0.60、0.65三组高水灰比条件下路段试块性能

编号	水灰比	干密度（kg/m³）	7天强度（MPa）	28天强度（MPa）	软化系数	透水系数（cm/s）
1	0.55	679.2	1.83	1.94	0.79	0.034
2	0.60	704.1	1.77	1.82	0.86	0.029
3	0.65	710.8	0.79	0.81	0.93	0.018

表3-3 0.28、0.31、0.34三组低水灰比条件下路段试块性能

编号	水灰比	干密度（kg/m³）	7天强度（MPa）	28天强度（MPa）	软化系数	透水系数（cm/s）
1	0.28	688.6	2.43	2.64	0.62	0.68
2	0.31	707.0	1.77	1.91	0.69	0.30
3	0.34	713.1	0.62	0.85	0.73	0.09

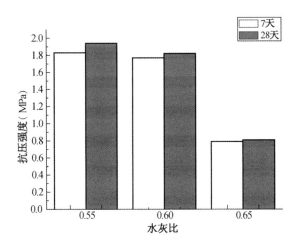

图 3-1　700 级透水性气泡混合淤泥土水灰比与抗压强度关系

由图 3-1 所示,700 级透水性气泡混合淤泥土的 7 天、28 天抗压强度均随着水灰比的增大而减小,当水灰比高于 0.60 后强度下降幅度较大。随着水灰比的增大,透水性气泡混合淤泥土的后期强度增长减缓。其原因在于水灰比越大,透水性气泡混合淤泥土中的游离水就越多,其孔隙率越大,因此其抗压强度减小,与一般混凝土的情况相符。并且随着龄期的增长,水灰比较低的透水性气泡混合淤泥土中游离水蒸发的较完全,水灰比较高的透水性气泡混合淤泥土中仍然留存有一定的游离水,因此水灰比越高其后期强度增长越慢。

由图 3-2 可以看出,在高水灰比条件下,700 级透水性气泡混合淤泥土的透水系数随着水灰比的增大而减小。其原因在于高水灰比条件下,水所占体积较大,泡沫掺量相对较少,尽管其流动性高黏度较低,对泡沫约束力减小,但由于分布较为稀疏,且料浆的流动性好摩擦力小,泡沫不容易破裂,因而不容易形成连通孔。700级透水性气泡混合淤泥土的软化系数随水灰比的增大而增大,软化系数表征的是材料的耐水能力,对于透水性气泡混合淤泥土来讲其连通孔结构直接影响其饱和水状态下的抗压强度,进而影响软化系数。

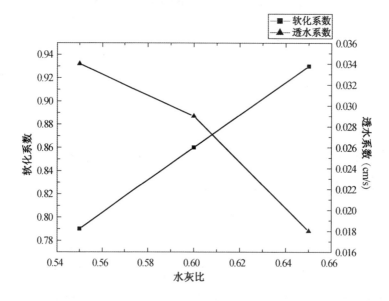

图3-2　700级透水性气泡混合淤泥土水灰比与
软化系数及透水系数关系

由上面试验结果可知,随着水灰比的增大,透水性气泡混合淤泥土的各项性能指标均变差,可见,高水灰比不利于气泡混合淤泥土的透水性能和力学性能。

由图3-3可以看出,700级透水性气泡混合淤泥土的7天、28天抗压强度均随着水灰比的增大而减小,当水灰比高

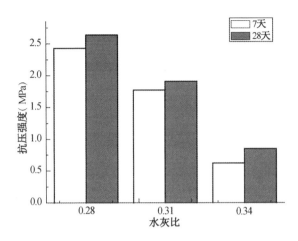

图 3-3　700 级透水性气泡混合淤泥土水灰比与抗压强度关系

于 0.31 后强度下降得明显。原因在于水灰比越大,透水性气泡混合淤泥土中的游离水就越多,其孔隙率越大,因此会使得其抗压强度减小,与一般混凝土的情况相符。

由图 3-4 可以看到,在低水灰比条件下,700 级透水性气泡混合淤泥土的透水系数随着水灰比的增大而减小。其原因在于低水灰比条件下,泡沫占据了绝大部分体积,彼此之间相互接触的概率大大增加,浆体体积较少,对泡沫包裹的并不完全,对泡沫的约束能力有所下降,大大增加了泡沫的运动能力,容易相互连通。同时料浆的黏度越大,泡沫越容易破裂。所以水灰比越低越有利于连通孔的形成,从而使透水系数越大。透水性气泡混合淤泥土的软化系数,随着水灰比的增大而增大,且增长趋势逐渐降低。

水灰比为 0.55 时 700 级透水性气泡混合淤泥土不同砂掺量下的透水性能见表 3-4 所示。

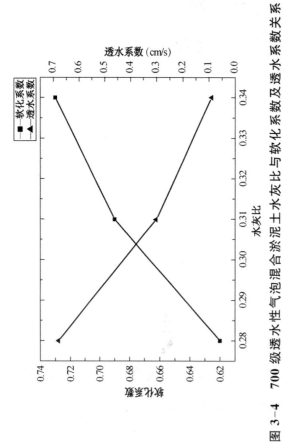

图 3-4 700 级透水性气泡混合淤泥土水灰比与软化系数及透水系数关系

表 3-4 700 级透水性气泡混合淤泥土不同砂掺量下的透水性能（水灰比 0.55）

编号	砂掺量(%)	干密度(kg/m³)	7 天强度(MPa)	28 天强度(MPa)	软化系数	透水系数(cm/s)
1	10	684.1	1.06	1.19	0.94	0.033
2	20	709.3	1.08	1.22	0.88	0.036
3	30	711.8	1.17	1.30	0.83	0.037
4	40	690.9	0.64	0.80	0.80	0.039

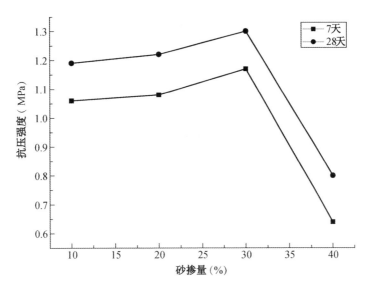

图 3-5　700 级透水性气泡混合淤泥土砂掺量
与抗压强度关系

由图 3-5 所示,700 级透水性气泡混合淤泥土的抗压强度随着砂掺量的增加呈现出先增大后迅速减小的趋势,并且其强度小于不掺砂时的 700 级透水性气泡混合淤泥土的抗压强度。其原因为在水灰比不变的情况下掺入部分砂后混合料密实度降低,并且会使泡沫破裂形成连通孔,因而其强度小于不掺砂时的 700 级透水性气泡混合淤泥土的抗压强度。当掺入一定量的砂时,一定程度上在气泡混合淤泥土内部形成骨架结构,使得其抗压强度有所提高,但当砂掺量进一步增加时,水泥用量过少,浆体无法完全包裹泡沫,并且由于砂掺量的增大,浆体内部摩擦力增大,使泡沫更加容易形成连通孔,强度降低。

如图 3-6 所示,700 级透水性气泡混合淤泥土的透水系数随着砂掺量的增加而增大,软化系数随着砂掺量的增加而减小。其原因为在水灰比不变的情况下,随着砂掺量的增加,水泥净浆减少,对泡沫的包裹能力降低,泡沫所受的约束力下降,容易形成连通孔,且砂掺量变大使泡沫更加容易破裂形成连通孔,导致透水系数变大。同时由于连通孔增多吸水率变大,饱和水状态下的抗压强度减小,故软化系数减小。

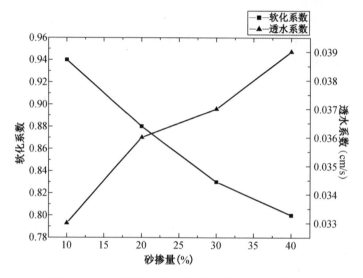

图 3-6　700 级透水性气泡混合淤泥土砂掺量与软化系数及透水系数关系

2) 路面材料矿料级配及最佳油石比

(1) 材料 PAC-13

本实例中,采用直径 101.6 mm×63.5 mm 标准马歇尔试件对各级配沥青混合料进行性能测试。将各级配集料制成相应标准马歇尔试件后,利用真空法与体积法测定各试件毛体积相对密度,利用同样方法测定试件的空隙率并利用体积法测定试件的连通空隙率。PAC-13 目标配合比各种集料筛分及合成级配情况见表 3-5 所示。采用标准方法测定各试件的稳定度与流值,各试验数据如表 3-6 所示。

表 3-5 PAC-13 目标配合比各种集料筛分及合成级配情况

粒径(mm)	矿粉	0~2.36 mm	4.75~9.5 mm	9.5~16.0 mm	A级配	B级配	C级配	中值	要求下限	要求上限
16.0	100.0	100.0	100.0	100.0	100.0	100.0	100.0	100.0	100.0	100.0
13.2	100.0	100.0	100.0	84.7	93.3	92.7	92.4	95.0	90.0	100.0
9.5	100.0	100.0	98.2	10.7	59.9	56.8	54.6	55.5	40.0	71.0
4.75	100.0	99.7	14.8	1.7	18.4	16.7	15.9	20.0	10.0	30.0
2.36	100.0	85.5	2.7	1.5	11.6	10.4	10.0	14.0	8.0	20.0
1.18	100.0	62.5	2.4	0.0	8.9	7.9	7.7	11.5	6.0	17.0
0.60	100.0	45.4	2.2	0.0	7.3	6.6	6.6	9.0	4.0	14.0
0.30	99.0	26.3	2.1	0.0	5.7	5.2	5.4	7.5	3.0	12.0
0.15	92.6	18.3	2.1	0.0	4.8	4.5	4.7	6.0	3.0	9.0
0.075	82.5	11.7	2.0	0.0	4.0	3.8	4.0	5.0	3.0	7.0
A	2.5	8.5	45.0	44.0	均采用4.8%油石比,外掺聚酯纤维0.1‰。					
B	2.5	7.0	43.0	47.5						
C	3.0	6.0	41.0	50.0						

表 3-6　沥青混合料目标配合比级配选定数据

初试级配	A 级配	B 级配	C 级配
油石比(%)	4.8	4.8	4.8
聚酯纤维(%)	0.1	0.1	0.1
理论相对密度	2.675	2.676	2.677
毛体积相对密度(真空法)	2.150	2.132	2.109
毛体积相对密度(体积法)	2.104	2.114	2.091
空隙率(真空法)(%)	19.6	20.4	21.3
空隙率(体积法)(%)	21.4	21.0	21.9
连通空隙率(体积法)(%)	17.5	17.2	18.0
稳定度(kN)	7.13	6.89	5.84
流值(0.1 mm)	23.4	25.0	28.8

在最佳油石比确定的过程中,采用 B 级配,分别以 3.8%、4.3%、4.8%、5.3%、5.8%五组油石比,高黏度改性沥青方案采用 92%的乙烯-丁二烯-苯乙烯嵌段共聚物(SBS)改性沥青+8%的高黏度添加剂,掺加 0.1%的聚酯纤维进行谢伦堡沥青析漏试验,试验结果如表 3-7,图 3-7 所示。

表 3-7 谢伦堡沥青析漏检测结果

油石比（%）	3.8	4.3	4.8	5.3	5.8
析漏损失率（%）	0.066	0.079	0.167	0.325	0.548

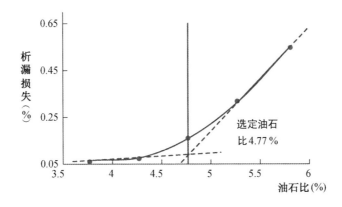

图 3-7 PAC-13 油石比分析图

说明：实验拌制高黏度添加剂干投沥青混合料主要流程为：先将高黏度添加剂和热集料干拌 45 s，以使高黏度添加剂均匀分散在矿料中。然后将沥青按照预定用量加入，拌和 90 s；最后加入矿粉，再拌和 90 s；拌和完成后进行混合料的各种性能验证。

根据三组级配对比和最佳油石比选定，将 B 级配集料，4.8% 的油石比确定为最佳的选择结果。验证混合料析漏损失、飞散损失、马歇尔残留稳定度、冻融劈裂强度比、动稳定度和低温最大弯拉应变等性能指标。并根据 B 级配、4.8% 的油石比和 0.1% 的纤维掺量制备 30 cm×30 cm×5 cm 规格的车辙板试件，利用渗水仪进行渗水试验测定混合料的渗水系数，各检测结果如表 3-8 所示。

表 3-8 沥青混合料性能检验结果

试验项目		单位	B级配检测值	技术要求
马歇尔试件击实次数		次	50	双面击实50次
纤维		%	0.1	—
油石比		%	4.8	—
毛体积相对密度(体积法)		—	2.101	—
毛体积相对密度(真空法)		—	2.137	—
理论相对密度		—	2.676	—
空隙率	体积法	%	21.5	≥20
	真空法		20.2	≥20
连通空隙率(体积法)		%	15.2	≥14
稳定度		kN	7.39	≥5.0
流值		mm	23.6	20~40
谢伦堡沥青析漏试验的结合料损失		%	0.174	≤0.8
肯塔堡飞散试验的混合料损失		%	8.1	≤15
浸水肯塔堡飞散试验的混合料损失		%	10.2	≤20
动稳定度		次/mm	10 466	≥5 000
浸水马歇尔试验残留稳定度		%	95.3	≥90
冻融劈裂试验残留强度比		%	96.2	≥85
低温弯曲试验破坏应变		$\times 10^{-6}$	3 378	≥2 800
渗水试验(车辙板)		mL/min	6 818	≥5 000

(2) 材料 PAC-16

PAC-16 目标配合比各种集料筛分及合成级配情况见表 3-9 所示。

表 3-9　PAC-16 目标配合比各种集料筛分及合成级配情况

粒径 (mm)	矿粉	0~2.36 mm	4.75~9.5 mm	9.5~16.0 mm	16.0~19.0 mm	A 级配	B 级配	C 级配
19.0	100.0	100.0	100.0	100.0	100.0	100.0	100.0	100.0
16.0	100.0	100.0	100.0	91.5	41.0	95.6	95.3	94.7
13.2	100.0	100.0	100.0	24.7	6.0	88.0	87.8	87.1
9.5	100.0	100	93.7	1.2	0.7	47.6	49.1	50.3
4.75	100.0	100	14.1	1.0	0.5	17.2	16.2	18.2
2.36	100.0	86.1	2.1	0.9	0.3	13.4	12.1	14.0
1.18	100.0	52.7	1.8	0.8	0.3	10.3	9.6	11.1
0.60	100.0	29.1	1.4	0.8	0.3	8.3	7.9	9.1
0.30	99.8	13.0	1.4	0.7	0.3	6.8	6.7	7.8
0.15	96.4	7.6	1.4	0.6	0.3	6.1	6.1	7.1
0.075	70.1	2.5	0.6	0.4	0.2	4.1	4.1	4.8
A	5.0	8.5	21.0	58.0	7.5	均采用 4.5%油石比，外掺聚酯纤维 0.1%。		
B	5.0	7.0	25.0	55.0	8.0			
C	6.0	8.0	25.0	52.0	9.0			

三组级配混合料检测指标见表3-10,根据检测的体积指标,A级配空隙率最接近20%,故选定A级配作为目标配合比设计最佳级配进行体积指标及性能验证。

表3-10　PAC-16沥青混合料目标配合比级配选定数据

初试级配	油石比（%）	毛体积相对密度	计算理论相对密度	空隙率（%）
A	4.50	1.959	2.541	22.3
B	4.50	1.957	2.539	22.9
C	4.50	1.968	2.541	22.5

采用A级配分别以3.5%、4.0%、4.5%、5.0%、5.5%五组油石比进行沥青混合料谢伦堡析漏损失和肯塔堡飞散损失试验,根据沥青混合料谢伦堡析漏损失曲线图中的拐点作为最大油石比,沥青混合料肯塔堡飞散损失曲线图中的拐点作为最小油石比,参考析漏损失率和飞散损失率的绝对指标,结合本实例试验点的地理位置、环境及PAC-16排水降噪沥青路面中面层结构特点,将本次目标配合比最佳油石比确定为4.5%;析漏损失和飞散损失检测结果见表3-11所示,最佳油石比分析结果见图3-8所示。

表3-11　PAC-16目标配合比谢伦堡沥青析漏及

肯塔堡飞散检测结果

油石比(%)	3.5	4.0	4.5	5.0	5.5
析漏损失率(%)	0.0466	0.0865	0.1831	0.6522	1.1593
飞散损失率(%)	23.7	16.2	10.6	9.2	8.5

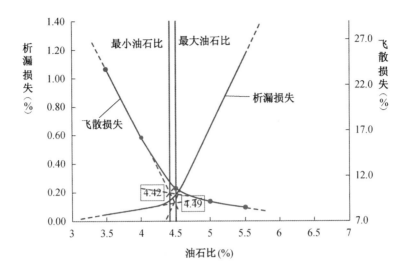

图 3-8 PAC-16 目标配合比油石比分析图

根据选定的级配和最佳油石比,验证混合料析漏损失、飞散损失、马歇尔残留稳定度、冻融劈裂强度比、动稳定度和低温最大弯拉应变等性能指标。根据 A 级配、4.5% 的油石比和 0.1% 的纤维掺量制备 30 cm×30 cm×5 cm 规格的车辙板试件,利用渗水仪测定混合料的渗水系数,各检测结果如表 3-12 所示。

表 3-12　PAC-16 目标配合比沥青混合料性能检验结果

试验项目	单位	检测结果	技术要求	试验方法
毛体积相对密度	—	1.986	—	—
理论最大相对密度	—	2.541	—	—
空隙率	%	21.9	20	T 0705—2011
稳定度	kN	6.51	≥5.0	T 0709—2011
马歇尔残留稳定度	%	100.6	≥85	T 0709—2011
冻融劈裂试验残留强度	%	98.4	≥80	T 0729—2011
谢伦堡沥青析漏损失	%	0.13	≤0.5	T 0732—2011
肯塔堡飞散损失	%	7.8	≤20	T 0733—2011
浸水肯塔堡飞散损失	%	9.2	≤25	T 0733—2011
车辙	次/mm	16 182	≥6 000	T 0719—2011
浸水车辙	次/mm	18 010	≥5 000	—
低温弯曲试验破坏应变	$\times 10^{-6}$	4 137	≥3 200	T 0715—2011
渗水试验	mL/min	7 240	>5 000	T 0730—2011

第 4 章 乡村河道水系低影响开发技术

从广义上讲,乡村河道包括横跨乡村地域的骨干河、溪,村庄、居民住宅周边的小河塘;这些骨干河、溪、小河塘及其连接段组成的水网系统构成水系。近年来,我国乡村河道水文环境和生态功能日益恶化,随着国家对"三农"问题重视的升级和资金投入的增加,农村河道水系环境治理范围逐渐扩大。但是,很多地方乡镇级政府、行政村委会对美丽乡村建设等国家政策存在理解偏差,或是缺乏专业环境技术指导,或是单纯为了政绩表现。在对乡村河道环境进行治理时,很少考虑当地实际情况,反而采取统一标准。这样的治理方法虽使乡村河道得到表面上改观,但往往却改变了乡村河道水系原有的生态环境,使其失去自然特性。因此,乡村河道水系低影响开发技术措施应与乡村河道整治密切联系起来,并体现在乡村建设过程中对河道水系的合理规划设计和河道生态性治理上。

4.1 乡村河道水系的现状分析

4.1.1 乡村河道水系现存问题

乡村河道水系通常具有自然特性,边坡平缓,河道网络错综复杂,断面不规则,水位、流量及流速受地域气象条件的影响。一般而言,乡村河道承担农田灌溉等农业生产所需用水的供给、乡村居民生活污水排放存储,同时在雨季还具有调蓄雨洪、排涝的作用。当前,乡村河道水系存在诸多问题。

(1) 河道水系网络遭到严重破坏,水流不畅。近年来,为满足乡村地区经济发展和基础建设的需要,河道遭到肆意填平,用于增加耕地面积、建设村舍厂房等。这些人为侵占河道的活动,再加上广大农村地区河网水系规划管理的长期缺失,导致很多地区的乡村河道总体水面面积减少,多处河道出现断头封闭现象,从而引起连锁反应,封闭河道变成死水河,造成水流不畅,在暴雨来临时,很有可能由于水流无法及时排出而出现漫流甚至区域洪涝。

(2) 河床淤积,污染严重。长期以来,乡村地区河道得不到足够重视,水网已支离破碎,河道水流流量下降、流速减缓,河道淤积严重,加上没有定期进行河道清理,河床升高。很多地区的乡村河道河床床面高程已接近其河岸标高。由于乡村居民对河道的保护意识不强,对生活、生产的污废水随意排放入河,对固体废弃物任意向河道内倾倒,乡村河道往往还扮演着污废水存储池和垃圾填埋场的角色。目前,乡村地区河道发黑、发臭、垃圾杂物满河漂等现象已经比比皆是,乡村河道水质恶化严重,生态功能明显退化,已对乡村居民的生产、生活构成严重危害。

(3) 驳岸植被退化,水土流失严重。乡村地区河道驳岸植被多为自然生杂草树木,保持水土的能力本来就不强。在乡村耕地日益紧张的情况下,部分乡村地区的河道驳岸也被当地居民肆意侵占,作为种植蔬菜的菜地,这大大降低了河道驳岸的水土保持能力。随着乡村经济的发展,乡村居民生活水平逐渐提高,生活垃圾的数量和质量均发生了明显变化,大量垃圾被堆放在河道驳岸上,也使得驳岸植被明显退化。最为严重的是乡村河道驳岸植被退化问题长期得不到重视和修复,日积月累,河道驳岸水土流失越发严重,这也是河道河床上抬和淤积的重要原因。

4.1.2 乡村河道的治理现状

随着乡村河道污染日益严重,在美丽乡村建设背景下,河道专项整治工作逐渐在全国各地区得到推广,其重点内容是河道清淤疏浚和河道水污染防治。在此基础上,越来越多的地区水敏感性河道实行了"河长制"的整治管理模式,同时乡村地区河道治理范围逐渐扩大。在环境综合整治行动或中小河流治理行动实践中,各地区都探索出了乡村河道整治和管理的有效模式(表4-1)。

表4-1 各地区乡村河道整治模式

序号	地区	模式	基本特色
1	江苏省	县乡河道疏浚工程,多偏重水利方面	县乡河道疏浚工程为重点;疏浚整治和长效管理并行;"以奖代补"专项补助政策;作为考核指标
2	上海市	中小河道专项整治与日常维护相结合	环保三年行动计划;差别化补贴;中介监管;以水养岸;河道领养
3	北京市	生态清洁小流域综合治理模式	以小流域为单元,水源保护为中心,以溯源治污为突破口,在全面规划的基础上,合理安排农、林、牧、副、渔各业用地,因地制宜地布设综合治理措施,一家一户做起;全面推进生态村镇建设
4	四川省自贡市	依托生态市建设,实施区县为主体的农村河道治理	开展"清水行动",推进河道整治;灵活的财政政策
5	浙江省桐庐县	小流域治理与河道治理组合	环境连片整治工作;万里清水河道建设和河道清理;县政府成立河道长效管理领导小组;"属地包干",多部门联合执法

从表4-1中可以看出,乡村河道专项整治具有区域协调有序、组织保障得力、部门分工配合恰当、规划和部署统一以及效果明显等优点。然而,很多地方的后续资金支持不够长久,治理效果很难得到保持。

目前，我国并没有出台统一针对乡村河道治理的政策法规，仍有很多地方尚未对乡村河道污染引起重视，乡村河道专项整治的开展还未进行。在这些地区，虽然有一些乡村河道治理的组织行动，但由于地区间、部门间缺乏统一规划和协调，对乡村河道治理工作无法形成合力，河道现状并未出现明显好转，再加上管理机制缺乏，极易出现反弹。

在河道整治中，很多地方乡镇级政府为了追求所谓的美观或政绩表现，不顾河道周边生态环境变化，一律采用块石型的硬质化的护岸方式，对河岸表面进行人工改造。这种整治改造方式，不仅阻断了河道周边土壤与河道水体之间的水文循环，而且使得河道丧失与周边历史环境、生态环境及人文环境之间的协调性。

4.2 低影响开发下乡村河道水系设计

4.2.1 设计目标

通过对乡村河道水系的低影响开发设计，确保河道开发后的水文特征和周边自然地貌比开发前得到明显改善和提高，具体表现为：力求恢复乡村河道的水质，使河道水网相互贯通，水流循环通畅，驳岸自然生态植被得到保护、恢复，岸坡水土流失得到有效缓解，河道雨水调节存储、防洪排涝、灌溉和引水等功能得到提升,河道水系与周边村庄住宅、农田以及道路等环境要素相互协调。最终,实现乡村河道水系水文生态环境与乡村人居环境的协调一致。

4.2.2 设计理念

传统意义上,乡村河道水系主要起着灌溉、防洪排涝的作用,因此,其治理建设理念主要是防汛和抗旱。这样的理念,虽然能够满足乡村居民生活和农业生产对河道的基本需求,但是往往会破坏乡村自然生态环境和水文特点,不符合新农村建设和美丽乡村建设精神内涵。基于对低影响开发理念的内涵理解,在乡村建设过程中,河道水系的开发设计理念应该是将安全、资源、环境、景观等四种要素融为一体,贯通水系,改善水质,打造滨河景观,把乡村河道整治与低影响开发紧密结合在一起。

4.2.3 设计原则

1) 保护河道及其两岸绿色生态

传统乡村建设开发过程中,通常对河道进行侵占或者使其驳岸硬质化,破坏了河道水生动植物栖息环境,降低了乡村河道的水文生态功能。而低影响开发下,乡村河道的治理与建设应该坚持或恢复河道应有的空间尺度,保持并提高河道两岸自然植被生态功能与驳岸土壤的渗透性,维持或增强河道水生动植物生态系统多样性。

2) 与区域规划相协调

传统惯例上,地方乡镇级政府在乡村建设过程中,对辖区内河道水系开发利用的随意性较大,忽视区域间的协调以及与上级政府部门整体建设规划的配合。在低影响开发理念指导下,乡村河道水系的治理与建设规划,应当充分考虑乡村所在地区整体区域规划和水体保护要求,基于当地的气候水文条件、地质地貌和土壤类型,进行合理规划布局,确保乡村河道水系整治和开发与地区经济发展和居民生产生活协调一致。

3) 污染源头控制

一般认为,乡村河道水系生态系统,相比城市河道而言,自然净化能力更强。但是,长期以来,由于环境保护意识的淡薄,乡村居民向河道中排放的生活污水和倾倒的垃圾已经造成了村庄住宅周围河道自净能力丧失。并且,人为排放造成的污染危害正随着水文循环逐渐在乡村河道水系网络之间扩散。因此,低影响开发下乡村河道水系的治理和开发,应从入河污染源头进行控制,阻断河道污染源与河道之间的联系,改善河道水质,确保治理和开发后的河道水系生态可持续性。

4) 小规模与大尺度结合

低影响开发的重要理念之一是小规模、分散性思想，然而河道水系开发过程中，必然涉及大尺度的河道清淤和水系贯通的传统机械作业。大尺度河道整治与小规模低影响开发应互为补充，在很多河道污染严重的地区，大尺度河道整治是河道水系小规模低影响开发得以实施的前提基础，而小规模低影响开发为大尺度河道整治效果的保持提供保障。

5) 生态景观与调蓄排洪并重

乡村河道中及其河岸边的水生植物是乡村的一道绿色风景线。乡村低影响开发过程中，主要建设内容之一就是利用河道原有的水生植物，打造河道水系滨河自然生态景观。但是，乡村河道兼具雨季的雨水径流调蓄和排除区域洪涝的重任。一方面，需要对河道水系进行疏通，以确保河道水系的调蓄排洪能力，另一方面，需要河道水系的水生植物，衬托乡村绿色自然乡土气息。因此，低影响开发下，乡村河道水系的整治和开发利用应该兼顾河道生态景观与调蓄排洪双重功能。

4.2.4 设计途径

1) 污染物截污控制

乡村河道水系具有一定的污染自净能力，但存在上限。

因此，对其低影响开发，应从污染源头进行控制。在乡村低影响开发过程中，应积极倡导污水排污管网建设，从而逐步改善乡村生活污水随意排放的状况。有经济条件的乡村地区，应该合理规划，推进污水处理设施建设，鼓励乡村居民进行污水接管排放；没有经济条件的乡村地区，也应该合理利用乡村住宅周边原有的下凹绿地和封闭小水塘等自然设施，构建滞留、净化于一体的生态湿地系统，分片或分散处理乡村居民生活污水。同时，对乡村生活、生产垃圾应该做到合理处理处置，积极开展乡村环保宣传教育活动，并组织乡村居民积极参与，避免再出现垃圾倾倒入河的现象。

2）清淤疏浚，水系连通

清淤疏浚是解决乡村河道水系淤积、断流最直接有效的工程性整治开发措施。其施工作业量比较大，往往需要大量的资金投入，在乡村建设过程中不可避免。然而，在乡村低影响开发下，可以提前进行河道河床勘察，结合区域河道河底平均高程以及整体建设规划，确定河道清淤疏浚的工程量，力争做到最大限度地减少工程性措施投入。

被清淤疏浚的河道淤泥，其中的氮磷含量通常较高。对于有条件的乡村地区而言，为了避免降雨时再次冲刷入河造成二次污染，可以进行集中填埋或者运送到污泥消化处理厂；对于没有条件的乡村地区而言，可选择性的就近利用，进行堆肥回田。

基于乡村地区断头河、死水河的普遍现象，在乡村低影响开发下,通过区域河道分布现状调查、河道具体功能评估以及区域内、区域间河道水系建设规划,确定河道连通工程实施的具体节点和线路,做到最少化河道连通工程,最大化河网水系畅通。通过对河道水系的清淤疏浚和水系连通作用,促进河道水系水体循环,改善水质,增强河道在雨季的蓄水排洪能力。

3) 生态治理

传统乡村河道水系治理开发过程往往仅考虑河道本身行洪灌溉功能的恢复和改善,而忽视河道两岸周边的自然和人居环境。在低影响开发理念指导下,首先应根据河道流经区域类型(农田等无人居住的自然区和乡村住宅生活区),将河道进行分段,并对各河段周边土质和地势高差进行勘察。

对于处在农田等无人居住的自然区河段,河道两岸治理开发以植被护坡方式为主。在充分尊重乡村河道流经地区的地形地貌特征基础上,根据河道周边土质松软程度和坡面与河道水面之间的高程差异,确定河道两岸周边坡面的开发建设方式。对于河道周边土质松软、坡面与水面高程落差较大的区域,雨季降雨冲刷的影响明显,河道坡面水土易流失,可在坡面种植当地生根系发达的草本植物,利用所种植植物的根系对河道坡面土壤进行固定,并可在关键的节点处进行人工设置梯田式坡面,以削弱雨水径流冲刷的重力势能,并促进径流在坡面的滞留和下渗。对于河道周边土质较硬、坡面与水面高程落差不明显的区域,雨季降雨径流对河道两岸周边的坡面土壤的冲刷作用不大,但是由于土质较硬,雨水径流在土壤中下渗缓慢,这导致坡面雨水能够较快形成径流并流入河道,可在坡面混杂种植当地乔木、灌木和少量草本植物,构建滨河植被缓冲带,利用木本植物发达的根系和使土壤砂粒化的功能,有效促进雨水在坡面源头的下渗消减,降低河道水系的排洪压力。

对于处在乡村住宅生活区的河段,河岸自然植被往往较少,河道两岸治理开发以生态驳岸和河道景观相结合的方式为主。在河道两侧河岸空间较大的河段,应尽量保持河岸自然植被面貌,并进行小规模的人工改造,采用生态袋、天然块石和卵石等材料构建较强渗透性的复合型护岸,增强河道水体与周边土壤水层的水循环,并根据地势在岸边合适的高程位置旁布设一些亲水浮动平台,在岸上铺设渗透性多孔砖和种植当地生木本、草本类植物,在保证平台可达性的同时增强岸上雨水径流的下渗,打造亲水景观,为人们提供娱乐、休闲的亲水场所。在河道两侧河岸空间较小的河段,河岸自然植被通常较少,对河岸保护和水土保持的能力相对较弱,应以直立式砌块护岸为主,下护岸为直立式多孔挡墙,上部可根据河道两侧空间情况适当布置植物防护。

4.3 低影响开发下乡村河道水系治理

针对乡村河道淤积、干枯断流、水流不畅,以及乡村河道整治过程中重疏浚轻生态等问题，本节将重点介绍清淤疏浚与水体生态功能恢复相协调的水系沟通技术及景观型岸水一体生态修复技术措施，为低影响开发下乡村河道水系设计提供技术支持。

4.3.1 水系贯通与复合生境构建技术措施

水系贯通与复合生境构建技术是一项符合乡村河道水系自然特征的生态疏浚技术，它利用现有沟、塘、湿地等重建水体生态修复系统，形成引排顺畅、蓄滞得当、丰枯调剂、可调可控、脉络相通的水网体系，实现水体动态交换，增强水体自净能力，从而提高水系自然生态稳定性，实现水的良性循环。

1）乡村水网贯通模型构建与模拟

（1）概述

为了有效地控制和治理乡村河流、湖泊等水体的污染情况，充分利用水体的自净能力，必须了解污染物在不同水体中的迁移、转化规律，根据污染物在水体中的迁移转化规律来制定环境规划和管理方案，让有限的水资源能被充分的利用，给人类带来最大的效益。

各种水体中水流运动及污染物迁移、转化的方法主要有原型观测、理论分析和数值模拟等几种方法。其中，数值模拟方法有其突出的优点。数值模拟是以水流运动基本控制方程为基础，以数值方法和计算机技术为手段，通过对河流的数值模拟计算,解决河流工程所关心的问题。随着计算机科学的迅猛发展,数值模拟具有强大的生命力,以其省时、高效、无比尺效应等优点,在众多河流工程问题上被广泛应用,取得了良好的效果。因此,利用数值模拟技术开发河流水环境模型具有重要的理论意义和很高的实用价值。

通过构建水系连通网络,既可提高水资源统筹调配能力和防洪能力,又可改善水力连通、加速水体流动,从而增强水体自净能力。在我国,长期以来缺乏全面、系统的乡村水系连通和水生境修复导则,也缺少科学有效地分析乡村水系连通和水生境状况的工具,在水系连通度对水生境状况影响的认知方面仍停留在主观判断和简单推理的层面。通过河网数值模拟水体修复后水系生境状况,不仅可探究水系连通度与水生境状况的关联性,提出合适的技术手段修复或重建水生境,而且可通过河网水系的流场动态模拟为工程的可行性分析、环境影响评价等提供参考。

(2) 模型构建与模拟步骤

① 建模信息测定

流域描述。包括:河网形状,绘制GIS数值地图或流域纸图;水工建筑物和水文测站的位置。

河塘断面形状和水位。可根据中华人民共和国水利部发布的《水文测船测验规范》(SL 338—2006)测量区域内河塘的断面形状及水位,获得沿程断面的变化情况。

区域实测水文数据。可根据实际情况测量边界处水文数据或估算边界条件,其余实测数据用于率定验证,率定验证的数据越多,模型可靠性越高。

水质监测。跟踪监测研究区域的水质状况,用于模型校核与理论分析。

② 河网概化与参数率定

根据搜集的资料,进行合理的河网概化,在此基础上建立模型的水动力模块和水质模块,并根据实测资料与模型运算结果判别模型的适用性,进行参数率定,确保所建模型适用于研究区域。

河网概化。扫描纸图,生成 BMP 文件,作为河网文件底图。引入模型后,修正图像,绘制研究区域内水系,输入各河段信息,设置相关参数,完成水动力模块构建。

参数率定与模型校核。验证水动力模块的适用性后,构建水质模块,结合实测水质数据,校核水质模块,完成整个模型的构建。

③ 模拟与分析

河网水动力及水质模型能有效描述河网水域中水流和水质变化规律的数学模型,通过调整模型参数,可确定不同条件下水系的水动力状况与水质状况。通过理论分析数值模拟结果与实测水质数据,根据水力与水质参数的相关性,可探明中小河道水系连通情况与水质间的相互关系。

2) 乡村水系复合生境构建

(1) 水生境修复评价体系构建方法

① 指示物种法

从生态学角度出发,当前水生境修复评价体系主要有两类:指标体系法和指示物种法。指标体系法是指根据水生态系统的特征和其服务功能建立指标体系,采用数学方法确定其修复状况;指示物种法是指采用一些指示种群,利用其多样性和丰富度来监测水生态系统健康,从而判断其修复状况。本文主要介绍指示物种法。

在指示物种法中,生物完整性指数(index of biological integrity,IBI)是目前水生境修复评价中应用最广泛的指标之一。生物完整性指数由多个生物状况参数组成,通过比较参数值与参考系统的标准值得出该水生境的修复程度。生物完整性指数中每个生物状况参数都对一类或几类干扰反应敏感,因此 IBI 可定量描述人类干扰与生物特性之间的关系,间接反映水生态系统健康受到的影响程度。用 IBI 评价水生态系统健康优于用单一指数评价的原因是单一指数反映水生态系统受干扰后的敏感程度及范围不同,综合各个生物状况参数构建 IBI 可以更加准确和完全地反映系统健康状况和受干扰的强度。

② 生化指标法

生化指标法基于化学指标为水体健康的驱动因素,以水生物为水生态系统综合响应群体的逻辑框架,根据水质状态和生态特性,利用层次分析法构建化学与生物复合指标体系,计算各样点健康评价指标,用于综合评价流域水生境修复状态。

化学指标。流域中,湖泊水体作为陆地生态系统营养循环的库,通过河流承接着陆地生态系统中自然和人类活动释放的大量营养盐,因此,在工业化程度不高的农村,河湖水体中营养盐氮、磷的含量表征了水体的水质。

生物指标。水体中生存着各类生物群落,包括生产者、消费者和分解者。大型底栖无脊椎动物在水生态系统中属于消费者亚系统,其摄食、掘穴和建管等扰动活动会影响系统的物质循环、能量流动过程等,多样性程度可以间接反映水生态系统功能的完整性。着生藻类作为初级生产者,不仅可反映系统中消费等级的状况,且能稳固水底的基质,为鱼类和底栖无脊椎动物提供隐蔽所和产卵场;同时,还能够敏感响应水环境状况的变化,尤其是在氮、磷等无机营养盐浓度方面。

(2) 水生境修复评价标准

① 指示物种法

评价标准的划分是生物完整性指数评价中的关键,目前还不存在一个统一的划分标准。大多数研究以参照点位 IBI 值分布的 25% 分位数作为健康评价标准,如果点位的 IBI 值大于 25% 分位数值,则表示该点位受到的干扰很小,是健康的;对小于 25% 分位数值的分布范围,进行三等分,分别代表一般、较差和极差三个健康程度。根据上述方法,可确定出健康、一般、较差和极差四个等级的划分标准。该评价标准基本覆盖了水生态系统不同层次的健康状态,划分出的等级数较为合理,可以区分出所在区域所有评价单元水生态系统健康状态之间的差异,但并不是对所有水生态系统都具有适用性。

② 生化指标法

按照已有研究成果进行指标计算:总氮(TN)、总磷

（TP）、溶解氧（DO）、高锰酸盐指数（COD_{Mn}）、氨氮（NH_3-N）的计算方法为实地采样测量；大型底栖无脊椎动物和着生藻类分类单元数（S）的计算方法为实验室计数；Berger-Parker 优势度指数（D）、大型底栖无脊椎动物 BMWP（Biological Monitoring Working Party）指数和着生藻类生物多样性指数（H）的计算方法分别如下：

$$D = \frac{N_{\max}}{N} \quad (4-1)$$

$$BMWP = \sum t_i \quad (4-2)$$

$$H = \sum_{i=1}^{S} \left(\frac{n_i}{N}\right) \log_2 \left(\frac{n_i}{N}\right) \quad (4-3)$$

式中，$N_{\max}$——最优势种的个体数；

N——功能团全部物种的个体数；

t——每种分类的计分，1~10，分值随生物敏感性增大而增加；

i——科级水平分类数；

H——Shannon-Weaver 多样性指数；

S——物种总数；

n_i——第 i 种物种的个体数。

为消除不同指标之间的量纲差别，同时具有可度量可比较的标准数值，依据各项指标计算结果及专家判断观点值，将研究成果按下式进行标准化：

对于 TN、TP、COD_{Mn} 和 NH_3-N：

$$\frac{V_{\max} - M}{V_{\max} - V_{\min}} \quad (4-4)$$

对于 DO：

$$\frac{M - V_{\min}}{V_{\max} - V_{\min}} \quad (4-5)$$

对于大型底栖无脊椎动物和着生藻类分类单元数 S：

$$\frac{M - Q_5}{Q_{95} - Q_5} \quad (4-6)$$

对于 Berger-Parker 优势度指数 D：

$$\frac{Q_{95} - M}{Q_{95} - Q_5} \quad (4-7)$$

对于大型底栖无脊椎动物 BMWP 指数：

$$\frac{M - V_{\min}}{V_{\max} - V_{\min}} \quad (4-8)$$

对于着生藻类生物多样性指数 H：

$$\frac{M - 0}{3 - 0} \quad (4-9)$$

式中，$V_{\max}$、$V_{\min}$——分别指代地表水标准（GB 3838—2002 标准）中 Ⅰ～Ⅳ 类水的最大临界值和最小临界值（Hellawell，1986；国家环境保护总局等，2002）；

Q_{95}——所有样点数据的 95% 分位数；

Q_5——所有样点数据的 5% 分位数；

M——该样点测量值。

水生态系统健康评价综合指标反映特定水生态系统结构与功能的健康程度，其计算公式按照综合指数的含义和数理关系构建,包括函数(健康综合指标)、变量(因素层)、权重值(各变量的重要度判断值)和修正值(修正得分范围)四部分。各指标因子采用等权重;修正值通过加权平均法及参考评价标准范围获得。在此基础上建立健康综合指标 I 的计算模型,即:

$$I = a\sum_{x=1}^{n} i_x \qquad (4-10)$$

式中,i_x——因素层指标得分;

a——修正值,本文取值为 0.5;

$n=2$。

本研究有 2 个因素层因子:水质和生物。各因素层指标具体计算公式为:

$$i_C = i_N + i_{DO} \qquad (4-11)$$

$$i_N = \frac{SV_{TN} + SV_{TP}}{2} \qquad (4-12)$$

$$i_{DO} = \frac{SV_{DO} + SV_{COD_{Mn}} + SV_{NH_3-N}}{3} \qquad (4-13)$$

$$i_B = \frac{i_{DI} + i_{PA}}{2} \qquad (4-14)$$

$$i_{DI} = \frac{S + BMWP + D}{3} \qquad (4-15)$$

$$i_{PA} = \frac{S + H + D}{3} \qquad (4-16)$$

式中,i_C——化学指标得分;

i_N——营养盐指标得分;

i_{DO}——氧平衡指标得分;

SV_{TN}——TN 标准化值;

SV_{TP}——TP 标准化值;

SV_{DO}——DO 标准化值;

$SV_{COD_{Mn}}$——COD_{Mn} 标准化值;

SV_{NH_3-N}——NH_3-N 标准化值;

i_B——生物指标得分;

i_{DI}——大型底栖无脊椎动物得分;

i_{PA}——着生藻类指标得分。

基于国内外研究成果及专家咨询,在该范围内确定健康评价等级划分标准,分为5个等级:综合指标值为0.8~1.0的健康等级为优秀,0.6~0.8的健康等级为良,0.4~0.6的健康等级为一般,0.2~0.4的健康等级为差,0~0.2的健康等级为极差。

3) 乡村水系生态疏浚技术

河道清淤疏浚是减少内源污染的有效途径和措施之一,且能增加蓄水量,提高水体自净能力和河道通航能力。但是,不合理的清淤会破坏水底生境(如沉水植物、底栖动物和微生物),削弱底栖生态系统的自净功能,反而加速沉积物的淤积速度,使得清淤不仅没有达到净化水质的目的,甚至会加快水质进一步恶化。

(1) 疏浚工程悬浮物影响预测模型

疏浚工程施工作业区会产生高浓度悬浮泥沙,对施工期河流水环境产生影响。在建设项目环境影响评价过程中,必须对悬浮物(SS)的影响程度和范围进行预测,以选择正确的施工方案和环保措施。

一般认为,当水中含沙量大于挟沙力时,水中泥沙处于超饱和状态,泥沙会发生沉降;反之就会悬浮。模型应既能模拟 SS 的衰减过程,又可模拟 SS 的悬浮过程,因此,本研究采用泥沙模型模拟悬浮物。一维泥沙运动方程如下所示:

$$A\frac{\partial S}{\partial t} + Q\frac{\partial S}{\partial x} = -\alpha B\omega(S-S^*) + S_p \quad (4-17)$$

$$\omega = \sqrt{\left(13.95\frac{\nu}{d}\right)^2 + 1.09gd\frac{\rho_s-\rho}{\rho}} - 13.95\frac{\nu}{d} \quad (4-18)$$

$$S^* = k\left(\frac{v^3}{gh\omega}\right)^m \quad (4-19)$$

式中,A——过水面积;

S_p——悬移质分组含沙量;

S——含沙量;

Q——流量;

B——水面宽度;

α——泥沙恢复饱和系数;

ω——泥沙沉降速度;

S^*——挟沙力;

ν——水的动力黏滞系数;

d——泥沙粒径;

ρ_s——泥沙密度；

ρ——水的密度；

g——重力加速度，$g=9.81 \text{ m/s}^2$；

h——断面平均水深；

k，m——水流挟沙力系数，根据实测资料率定或由设计部门提供。

(2) 生态疏浚工程

河道的生态疏浚与传统的工程疏浚有明显区别，如表4-2所示。

表4-2 河道生态疏浚与一般工程疏浚

项目	生态疏浚	一般工程疏浚
工程目标	清除底泥中的污染物	增加水体容积，维护通航能力
工程监控	专项分析，严格监控，环境风险评估	一般控制
施工精度	可达50 mm	200～300 mm
边界要求	按污染层确定	底面平坦，断面规则
疏挖深度	<1.0 m	>1.0 m，限制扩散
设备选型	标准设备改造或专用设备	标准设备
底泥处理	根据泥、水污染性质处理	泥、水分离后堆置
对颗粒物扩散限制	尽量避免扩散及再悬浮	不作限制
尾水排放	处理达标后排放	不处理
疏浚后河床修复	滩地结构改造、微生物再造、河床基质改良等	无
生态要求	为水生植物恢复创造条件	无

(3) 底泥疏浚工艺流程

河道底泥生态疏浚技术工艺的核心范畴为：疏挖深度设计、沉积物疏挖形式、空间定位技术、施工方式设计、余水处理和疏挖底泥的处置等。河道底泥的生态疏浚工艺流程如图4-1所示。

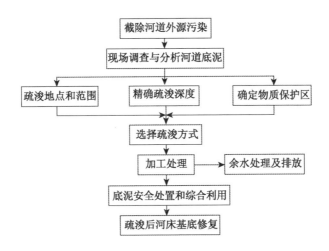

图 4-1 河道底泥生态疏浚技术工艺流程

4.3.2 乡村景观型岸水一体化生态治理技术措施

随着乡村经济与生态治理技术的快速发展，人们对河道生态治理意识不断加强，同时对于河道可观赏性要求不断提高。传统硬质化河道、湖岸及裸露山体护坡技术正逐渐被柔性生态治理技术所取代，打造乡村生态净化与景观观赏于一体的生态性河道风光带完全符合低影响开发的设计理念，既可以从源头降低雨洪对乡村河道水系水文环境的冲击，又可以避免传统大规模工程性施工对河道水系原有水文机制的改变。

1) 净水护坡多功能复合生态袋技术

所谓生态植被护坡,是依靠植被(如草本、小型灌丛木及小型乔木)根茎与土壤间的锚固作用来加固河道边坡稳定性,同时营造良好的边坡景观效果。当前,微生物对水体中污染物吸收降解的研究不断深入,且在实际河道水体治理工程中已取得了很好的效果。然而,由于降雨条件下河道水系有很大的流动性,单纯投加的微生物菌种往往会被水流冲走,导致微生物菌种对河道水体净化效果不稳定。作为常见的水处理材料,沸石具有良好的吸附性能,能够将微生物菌种牢牢地固定在其表面,并为微生物菌种的生长提供营养物质。基于此,净水护坡多功能复合生态袋得以研发并成功应用,这种新型的生态袋将基质沸石、微生物菌种和水生植物有机结合成一个整体,实现了沸石联合微生物固定化技术与生态袋护坡技术的耦合。

(1) 原理

多功能复合生态袋技术主要利用沸石材料吸附、附着微生物的降解以及生态袋表面生长植物吸收等作用,实现对河道径流水质的净化,其过程为沸石材料内部孔隙吸附的有机物首先为附着在其表面的微生物提供营养物质,然后微生物将大颗粒有机物分解继而再次打通沸石内部的孔隙结构,从而形成沸石吸附-微生物降解的良性循环。

(2) 生态袋材料要求

沸石应为天然斜发沸石,粒径通常为 1.0~2.0 mm,再经挂膜处理后,可通过聚乙烯醇、海藻酸钠、碳酸钙及二氧化硅等按一定配比对沸石进行固化处理,形成沸石小球,强化沸石表面加载微生物的稳定性。除沸石小球外,生态袋中还应添加一定的沙土,比例在 2∶8 到 3∶7 之间,并搅拌均匀,以便于在生态袋表面种植植物。所种植的植物一般采用当地耐水耐旱型的植物,在种植植物的同时还可添加少量的木纤维或木屑等,为植物生长提供辅助性营养物质。

(3) 水质净化效果

在植物的吸收、同化,好氧微生物吸收降解,根系环境基质的吸附、过滤和沉淀等共同作用下,水体中的有机物得到有效去除。生长于植物根系富氧区的好氧菌群通过新陈代谢作用,吸收利用水体中有机物,作为自身繁殖的碳源补充,能很好地去除河道水体中的有机污染物。

人工加载脱氮菌群驯化的生态袋对河道水系氮、磷污染物的去除更加有效,且驯化次数越多,氮、磷污染物的去除效果越明显,抗雨洪冲击的能力越强。此外,植物生物量越大,总磷的降解效果也越显著。

2) 亲水平台型组合生态浮床技术

亲水平台型组合生态浮床技术是一种根据自然生态规律,结合现代农艺以及环境治理工程措施,同时融入景观设计的一种水面人工无土栽培技术,主要由植被基、植物和固定系组成,通过扎入水体的植物根系吸收氮、磷等营养物去除污染物,并且给微生物和其他水生生物提供了栖息、繁衍场所。生态浮床技术适合应用于水系丰富,但水质严重恶化的乡村地区河道,抗雨洪冲击能力强,该技术主要包括净水组合型生态浮床和景观型生态浮床。

(1) 净水组合型生态浮床实例

净水组合型生态浮床如图4-2所示,通常由1 m(长)×1 m(宽)×1 m(高)的长方体组成,结构设计成上、中、下三层。上层为水生植物区,种植水生经济植物空心菜、水芹,并通过合理设置根区空间使植物根系形成"毡垫"状构造,不仅提高了根系截留颗粒性污染物和藻类的能力,而且也不影响植物的吸收功能,该区域有效高为10 cm。中层为水生动物区,笼养滤食性水生动物贝类,利用贝类的滤食作用去除污染物,并通过贝类的消化作用大幅度提高有机污染物的生物可降解

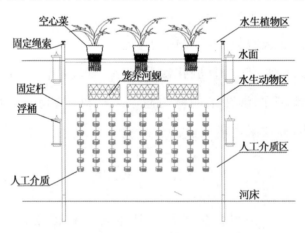

图4-2 净水组合生态浮床示意图

性。笼网采用渔网制作的双层结构,既能达到必需的贝类生物量,又能避免贝类过度堆积,保证其成活率,该区域高为30 cm。下层为人工介质区,悬挂兼具软性及半软性特征的高效人工介质(可以采用阿克曼水草),大量富集微生物,形成高效生物膜净化区,该部分高为60 cm。

(2) 景观组合生态浮床实例

景观组合生态浮床如图 4-3 所示,通常由 7 个圆形单元 330 mm(直径)×60 mm(厚)拼装而成。每个单元含一个种植花盆,每个种植花盆直径 170 mm,花盆由浮岛盘固定,整个系统由固定杆和固定绳索固定,主要放在亲水平台的边角处。建议种植植物:美人蕉、水芹、芦苇。

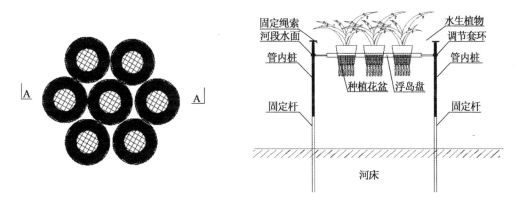

图 4-3 景观组合生态浮床平面和 A-A 剖面图

第 5 章 乡村公共广场低影响开发技术

5.1 乡村公共广场概述

5.1.1 一般分析

　　乡村公共广场一般位于乡村聚落中部，且数量不多，占地面积相对较少，是乡村居民茶余饭后散步、聚会和聊天的公共场所。在我国，由于长期受小农经济支配和封建礼教束缚，广大乡村地区的公共广场活动远不如西方国家频繁，大部分村庄没有专门用于乡村居民休闲娱乐活动的广场，公共广场的建设长期被忽略，公共设施稀缺，居民休闲娱乐得不到满足。

　　随着乡村经济的发展，乡村居民进行休闲娱乐活动的需求和规模越来越大，如乡村居民自发组织集体广场舞活动。然而，原始简单的公共广场并不具备任何休闲娱乐功能，已不能满足乡村居民日益增加的兴趣爱好对公共活动场所的需求。在新农村建设和美丽乡村建设国家政策背景下，很多地区乡镇级政府和村委会积极响应号召，主动组织人力、物力和财力对传统的乡村居民经常聚集的、闲置的公共空间进行工程化建设和改造，出现了休闲娱乐广场、交通集散广场等多种类型的乡村公共广场。

5.1.2 建设现状

目前，大多数乡村地区的公共广场多以混凝土浇筑的硬质化地面为主。条件差的公共广场，通常会设置一些零散的体育设施和公共娱乐设施，以作为居民生产、生活之余消遣锻炼之用。条件好一点的公共广场，还会人工建造一些喷泉水体、照明设施甚至绿地花坛等，以构成广场景观。

5.1.3 存在问题

目前，乡村公共广场下垫面普遍采用硬质化施工方式，这阻碍了广场表面径流就地下渗，使广场表面径流形成时间大大缩短、径流规模变大。如果建设规划和设计不当，公共广场周边的水文机制很有可能会发生明显改变，从而加剧雨水径流对广场附近河道水体或农田边坡的冲刷破坏，给乡村局部区域的水文环境带来负面影响。因此，在乡村建设过程中，对公共广场的建设应按低影响开发理念进行规划和设计。

5.2 低影响开发下乡村公共广场规划

5.2.1 场地选择

由于缺乏专业指导和整体规划不清,大多数乡村地区在为新建或改建的乡村公共广场选择场地时,很少综合考虑乡村历史、文化、居民生活方式、交通状况、地形地貌、植被、水系、气候等社会因素和自然环境因素,往往选择在原有自然公共广场的用地基础上进行建造,缺乏相应的指导。在低影响开发下,公共广场选址应坚持一些必要的原则。

1) 突出乡村规划结构

乡村公共广场好比是乡村的"客厅",在乡村中占据重要的地位。在西方国家,乡村广场与城市广场的格局非常相似,并且广场通常会成为人们集会、议事和休闲娱乐的中心场所,是乡村规划结构中的重要构成要素之一,使乡村形态呈现出更加活泼和动态的面貌。而在我国,由于乡村居民的生活习性和思想认识长期保守,乡村广场在乡村中所起的作用通常被固化,在建设规划中也往往被忽视,导致建设完成的乡村公共广场利用率不高。而低影响开发下乡村公共广场规划不仅要体现空间围合和视觉美感,更要使公共广场成为乡村不可缺少的部分。因此,场地选择就应该有利于乡村规划结构的突出与完善。

2) 连接乡村开放空间

除了乡村住宅外,村庄聚落中还存在着道路、河道、自然植被绿地、农田、待建和非待建的敞地等乡村开放的空间要素。乡村公共广场的场地应该能够尽可能将村庄聚落中的这些不同类型、各具功能特色的要素联系起来,相互作用组成一个空间结合体。通过乡村广场的建设,可以使乡村的开放空间有机结合,空间体系得到完善。

3) 居民可达性强

乡村大部分居民能否方便和公平地获得公共广场的服务,反映了乡村公共资源享用的公平性和社会平等性。因此,可用乡村广场的可达性来衡量广场选址是否合理,使乡村广场的选址有利于村民的使用。

4) 尊重乡村文化传统

乡村文化的形成是生活在乡村中的人与自然环境相互作用的结果。在很多地区的乡村公共广场中,设置了一些体现当地精神文化传统或风俗习惯的硬件设施,如戏台、宗庙等。因此公共广场的选址应尊重乡村文化传统,使公共广场能够体现出乡村历史和文化的内涵,能够更好地融入当地乡村环境中。

5.2.2 广场用地类型

按使用功能不同,乡村公共广场用地类型包括铺装用地、绿化用地、通道以及附属建筑用地等。

1) 铺装用地

在大多数乡村中公共广场均是单一的铺装用地,它包含各类硬质材料铺装,具有施工简单、宽容性大等特点,乡村居民的集会、表演和锻炼等广场集体活动均是在铺装场地上完成的。

2) 绿化用地

绿化用地需要在广场上人为种植成片的乔木、灌木、花卉或草坪,它能与乡村的生态系统较好地兼容,同时还能渲染乡村广场空间的环境气氛,环境效益十分突出。然而,目前,很多乡村地区的公共广场中绿化场地的比重非常小,或者几乎没有,或者只建有花坛等构筑物但没有绿色植物。

3) 通道

乡村公共广场多紧邻乡村道路,而公共广场作为人群聚集的场所,人流密集,为了安全考虑,公共广场与道路之间会有一定尺寸的隔断,这就需要有相对应的通道连接乡村道路和公共广场。

4) 附属建筑用地

附属建筑用地是供给广场上各类建筑基底所占用的用地。乡村公共广场中的附属建筑用地,常见于经济发达地区,这里的乡村公共广场多以城市公共广场为参考,占地面积不大,通常会配置一些亭子、石墩座椅等,还会有小卖部、茶室和公共厕所等。

5.3 低影响开发下乡村公共广场设计

5.3.1 设计原则

1) 尊重场地原有水文特征

在乡村公共广场开发建造之前,应通过调研了解乡村区域原有水文特征,确定公共广场及其周边水文脆弱部分,例如,广场中的铺装场地、通道和附属建筑用地。同时,将广场及其周边具有滞留、渗透以及蓄水功能的部分(如花坛、周边草地等)有机地结合起来。通过对这些部分的尊重和保护,可以有效降低广场及其周边水文环境风险。

2) 因地制宜

我国的广大乡村地区通常具有明显的地域性特征,不同的乡村都有其各自的历史演变、精神文化和风俗习惯等方面的特点。而乡村公共广场作为乡村文化和风俗聚集交汇场所,势必具有相应的地域性。因此,在低影响开发措施选择方面要根据实际情况,综合考虑乡村公共广场所在地域文化特点和场地既定的功能,同时,地域的气候、土壤和乡土植被也应被纳入考虑范围。

3) 从源头控制雨水径流

乡村公共广场铺装、通道等的工程性建设,改变了广场原有下垫面状态,这会导致广场原有自然水文机制的改变。因此,需要在改变的地方采取相应措施,以从源头控制广场雨水径流,最大限度保护场地开发前的水文环境。

4) 空间整合

低影响开发下的乡村公共广场建设不能仅仅针对公共广场本身,其周边绿地、河道及道路等空间要素也需要被纳入进来,形成公共广场及其周边空间要素相互协调的组合体。在考虑广场场地雨水径流时,充分利用周边的空间要素,协调处理雨水径流对场地水文特征(水质和水量)的影响。

5) 美观实用

乡村公共广场的主要社会效益是满足乡村居民农闲时茶余饭后的社交、休闲娱乐等精神层面的需求。因此,所建设的公共广场应该具备一定的生态观赏性,能够陶冶居民的内心情操。然而,公共广场的布置不能太奢侈,否则就不能与乡村自然风貌相协调。因此,其低影响开发设计还必须具备实用性原则。

5.3.2 设计目标

总体而言,低影响开发下乡村公共广场的设计目标,就是实现雨水的滞留、下渗和集蓄利用,达到广场表面径流总量减少、径流水质净化和雨洪资源化。通过构建乡村公共广场内外水循环沟通体系,将广场表面雨水径流引入到场地内部和周边,实现雨水的滞留下渗和净化利用。

1) 控制场地径流总量

通过乡村公共广场及其周边空间要素的连接与整合,实现对广场表面径流的有效滞留、拦截,以削减来自公共广场的地表径流总量、维持场地开发前水文环境状态的目标。

2) 净化径流污染

由于乡村公共广场是乡村居民聚集的场所,广场表面人为污染相对较重,通过广场花坛、植草边沟及周边绿地的低影响开发技术措施的运用,实现广场雨水径流污染的净化去除,从而降低广场表面径流对周边河道和地下水环境的潜在污染程度。

3) 雨洪资源化

通过低影响开发技术措施实现乡村公共广场表面雨水资源的有效利用,集蓄地表径流用于浇灌广场植物,滞留净化的雨水下渗补充地下水资源等,实现雨水资源化,降低雨水径流对广场周边河道水文特征的负面影响。

4) 预防水土流失

通过对乡村公共广场表面雨水径流的源头、中段和末端的设计控制,减少广场表面径流对周边土壤的冲刷破坏,以预防水土流失。

5.3.3 设计途径

将乡村公共广场表面雨水径流总量和污染物作为目标,采取低影响开发技术设计途径,对其进行就地消纳、净化并补充周边地下水。

1) 滞留广场表面径流

决定广场表面径流形成的速度快慢和水量大小的因素主要包括降雨特征和表面硬质化程度。其中,降雨特征是无法人为控制的,而广场表面的硬质化程度可通过铺装材料的变化而改变,可受人为控制。因此,在乡村公共广场施工建设中,低影响开发滞留广场表面径流的设计途径是在保证广场表面具有一定抗压强度的前提下,利用透水性建筑材料(如多孔砖和透水混凝土)进行铺装,使得降落到广场表面的雨水尽量就地滞留下渗。

2) 广场景观的集蓄利用

公共广场中通常也会建造一些景观花坛,用于点缀广场的绿色氛围,舒展乡村居民休闲娱乐时的心情。而传统景观花坛的边台往往建造得比较高,阻挡了视线,使得整个广场的视觉效果不理想,同时由于花坛突出于地面,花坛中的花草植物易于缺水凋落,不定期浇水很难存活。在低影响开发技术措施中,可将雨水花园应用到广场景观花坛设计建造上。在建设广场景观花坛时,取消传统花坛边台,将花坛表面高程设计成略低于广场表面的形式,使降雨时广场形成的雨水径流能够尽可能多的汇流到这种类型的草花花坛中进行集蓄净化,并通过花草的过滤渗透,截留径流中的污染物,然后下渗到地下,同时集蓄的雨水可以为花坛中植物的存活和生长提供水源。

3) 转输外排

乡村公共广场中建造的景观花坛占地面积在广场总面积中的比例一般不大,雨季依靠透水铺装和景观花坛的源头控制很难完全截留广场表面的雨水径流(特别是暴雨时的)。因此,低影响开发下乡村公共广场设计建造，应该考虑到广场表面雨水径流的转输外排，而转输外排的途径主要是改进广场雨水径流的排出方式。可以沿广场四周建造植草浅沟，尤其是在广场紧靠农田或者住宅的情况下，这种生态排水方式是更加合适可用的低影响开发技术措施之一。通过植草浅沟的传输和对径流污染的过滤、截留，完成对广场表面径流的输送外排。

5.4 低影响开发下乡村公共广场雨洪控制措施

5.4.1 透水广场

1) 沥青类型对广场表面耐久性的影响

研究表明，使用好的沥青胶结料可以显著增强透水沥青混合料各方面的性能，国外大量的工程实践也表明了沥青胶结料的性能对透水沥青表面的耐久性有决定性作用。美国在早期的大空隙、开级配的沥青面层（OGFC）中多用普通沥青，但性能较差，因此部分州曾一度禁止使用此种沥青。

欧洲的透水广场沥青多采用改性沥青（表5-1），并掺加纤维（矿物或木质素纤维）和抗剥落剂（消石灰或者胺类），表面性能总体上较好。因此近年来美国学习欧洲，开发了新一代的OGFC，推广使用改性沥青，并添加矿物纤维或者木质素纤维，避免混合料在运输、摊铺过程中的沥青流淌和粗细集料的离析，改性 OGFC 由集料、聚合物改性沥青、稳定纤维和消石灰组成。

表 5-1　欧洲各国常用的沥青结合料

国别	使用结合料类型
比利时	掺加再生胶、纤维素或 10% 环氧树脂
法国	沥青中掺加 15%～20% 的轮胎粉
英国	掺加纤维素、乙烯-乙酸乙烯（醋酸乙烯）酯共聚物（EVA）、橡胶、SBS 等
德国	Pmb45、Pmb65
意大利	掺加 SBS、纤维
西班牙	60/70 沥青中掺加 EVA
荷兰	改性沥青

日本在研究应用广场的透水沥青表面性能时，虽然技术规范规定也可以使用改性 I 型与改性 II 型沥青，实际上普遍使用的是高黏度沥青，并在使用中体现了较好的应用效果。日本道路协会于 1996 年 10 月发布的《排水铺装技术指南（案）》（最新的修订为 2007 版本）对适应广场表面的高黏度改性沥青及其混合料提出了明确的技术标准（表 5-2）。

因为国外的气候条件、交通状况、试验方法等与我国不同，我国不能直接使用国外的技术标准。欧洲的气候条件比较温和，日本的夏季气温与我国南方夏季在高温方面较为相近，对于广场而言，我国在修筑透水沥青表面时，要结合该地区的气候选择高性能的沥青，参考国外的经验，制定经济技术合理的沥青技术指标与标准,以保证高温多雨地区广场透水沥青表面使用性能与耐久性。

表 5-2　日本高黏度改性沥青技术指标要求

项目	单位	试验条件	标准
针入度	0.1 mm	25℃,100 g,5 s	40 以上
软化点	℃		80 以上
延度	cm	10℃,5 cm/min	50 以上
密度	kg/cm³	15℃	大于 1
黏韧性	N·m	25℃	20 以上
韧性	N·m	25℃	15 以上
动力黏度	Pa·s	60℃	20 000 以上
闪点	℃		260 以上

2) 透水结构层设计

透水型材料与普通材料最大的不同就在于透水性,而影响材料透水性的主要因素就是孔隙率。

据一项关于沥青混合料的孔隙率与透水性的关系研究显示,8%的孔隙率是沥青材料透水性急剧增长的拐点,见图 5-1 所示。

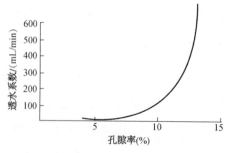

图 5-1　沥青混凝土透水系数-孔隙比

因此,如果设计的是不透水的密级配沥青材料,孔隙率应小于8%且不能太接近,最好在4%左右。若设计的是透水的开级配大孔隙沥青混凝土,孔隙率应大于8%,实际应用大于15%,这才能保证材料畅通透水(图5-2)。

图5-2 透水材料演示

广场表面沥青的透水类型属于半透水类型,表面结构形式与普通沥青表面相同。广场只是在表面层采用透水沥青,底面层仍是普通沥青,在广场四周增加碎石透水暗沟,渗水通过广场底面层径向流入四周的透水暗沟中,每隔一定距离设置渗水井,雨水可以通过渗水井渗透到地基以下或统一排到蓄水池中储存起来循环利用(图5-3)。

目前国内外使用的广场透水表面大多为单层结构,即在原有的表面结构上,上面层(抗滑表层)设计为透水表层,对于透水结构层的级配选择国内使用PAC-13较多,厚度4.0~4.5 cm。

将上面层的SMA-13改为4 cm PAC-13,并在上面层和

图 5-3　透水沥青面层

中面层间进行防水处理,加入防水黏结层,防止雨水下渗,防水黏结层采用 0.3~0.6 kg/m² SBS 乳化沥青。其他各层维持原设计。另外,需将路缘石标高降至与中面层顶面平齐。透水沥青广场表面结构如图 5-4 所示:

上面层	4 cm 透明沥青混凝土 PAC-13（防水黏结层）
中面层	6 cm 中粒式改性沥青混凝土 AC-20C
下面层	6 cm 中粒式沥青混凝土 AC-20C
基层	36 cm 水泥稳定碎石
底基层	18 cm 水泥稳定碎石
土基	

图 5-4　透水沥青广场剖面结构示意图

根据查阅相关资料,得知 PAC-13 型沥青混凝土结构的材料参数。因此,透水沥青广场表面的结构材料设计参数如表 5-3 所示:

表 5-3 透水沥青广场表面结构及材料参数

结构层层位	材料类型	厚度(cm)	模量(MPa) 20℃	模量(MPa) 15℃	弯沉计算	拉应力计算	15℃劈裂强度(MPa)
上面层	PAC-13	4	650	800	—	—	0.8
中面层	AC-20C	6	1 200	1 800	—	—	1.0
下面层	AC-20C	6	1 000	1 600	—	—	0.8
基层	水泥稳定碎石	36	—	—	1 300	3 500	0.5
底基层	水泥稳定碎石	18	—	—	1 000	3 000	0.3
土基	—	—	—	—	35(30)	—	—

根据表 5-3 所示参数,进行表面结构的力学计算,如表 5-4 所示。从计算结果可见,透水沥青广场表面的格鲁曼结构层的弯拉应力均小于允许值,鲁米那结构顶面的实测弯沉也没超过表面设计弯沉值 25.2(0.01 mm)。

表 5-4　透水沥青广场表面结构计算

层位	层底拉应力(MPa)	容许拉应力(MPa)	表面弯沉(0.01 mm)		设计弯沉(0.01 mm)
			$E_0=35$ MPa	$E_0=30$ MPa	
上面层	−0.066(受压)	0.27	21	22.3	25.2
中面层	−0.08(受压)	0.34	22	23.4	—
下面层	−0.085(受压)	0.27	24.8	26.5	—
基层	0.073	0.25	28	30	
底基层	0.149	0.15	129.5	142.2	

3) 透水蓄水特性

渗透性透水技术作为"生态透水"的一个重要方法,已在国外某些国家作为广场、道路透水体系设计的一个重要组成部分广泛使用。而在国内,这一技术及其作用还未被充分认识。渗透性透水蓄水系统根据原始状况和土壤的渗透性来区分通常有三种形式:多孔隙表面系统、带有储水层的渗透性系统、无储水层的渗透性系统。

基于乡村用水状况,带有储水层的渗透系统可以起到多雨季节储水,农忙时节供水的作用,故优先采用带有储水层的

渗透系统,分层结构布置如图 5-5 所示:

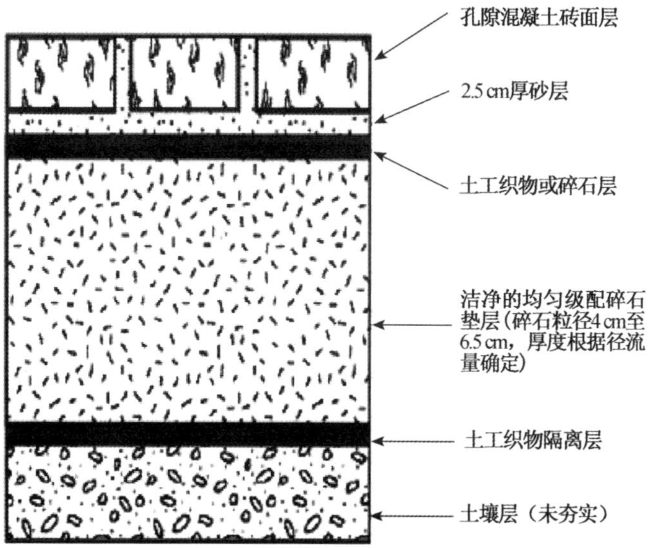

图 5-5 带有储水层的渗水系统结构层分布

带有储水作用的渗透性表面有储水层,作用与孔隙表面系统相同。系统的表面由含孔隙的混凝土块或石砌块组成,这些孔隙收集表面径流,经竖向流到下面的碎石垫层,径流可暂时储存于下面的碎石垫层中,然后经一定时间的渗透而进入未被夯实的土壤层。

此外,针对广场日常水资源管理和雨水水库的利用问题,选择水密封底基层,在特定的天气条件下,做到水资源的有效存储和使用。底基层的温度分布和底基层的选取是调蓄能力大小的关键,同时,也要考虑到渗透率的变化以及可能的洪水对于透水广场的影响,评估相应潜在的洪水频率及其可能造成损失的严重程度。

5.4.2 雨水花园

雨水花园与乡村公共广场上建筑的传统草花花坛在景观功能上有相似之处,但是雨水花园不需要建造边台,且其表面高程与四周地面相平,而传统草花花坛四周带有边台,且其表面高程通常比四周地面高。在低影响开发下乡村公共广场设计途径中介绍的设置没有边台的草花花坛,其在景观功能和雨水治理功能上均与雨水花园一致,从这个角度讲,雨水花园也能被应用到乡村公共广场的雨洪控制上。

1) 雨水花园功能类型

从主要功能上分析,适用于乡村公共广场的雨水花园主要有调蓄型和净化型两种。其中,调蓄型雨水花园适用于地表径流总量较多但径流污染较轻的公共广场;净化型雨水花园适用于地表径流总量较少,但径流污染较严重的公共广场。

(1) 调蓄型雨水花园

雨水花园应具有较好的径流水文方面的改善能力。采用计分方法筛选了对水文特征(出流洪峰延迟时间、洪峰时累积径流消减率、总消减率、渗透率、蓄水率)改善能力较强的结构参数。

调蓄型雨水花园可以在暴雨、大暴雨甚至特大暴雨情况下快速下渗雨水径流,因此适用于地表径流较多,但径流污染较轻的场地,如广场、公园。调蓄型雨水花坛结构包括:预处理设施、蓄水层、覆盖层、种植层、过渡层、填料层、排水层和溢流设施。应在雨水花坛四周安置简易预处理设施,可将砾石覆盖于其四周边,用来防止暴雨情况下导致的水土流失和结构层破损。蓄水层为 0.2 m 厚,种植层采用由 50% 粒径 0.35～0.5 mm 黄沙、30% 黄色粉质黏土、15% 泥炭、5% 有机肥按比例混合均匀而成的改良种植土;在种植层表面铺设 3 cm 厚粒径为 1 cm 左右的砾石或者有机覆盖物作为覆盖层,防止雨水花园渗透速率过快导致的干旱情况。过渡层由中砂铺设而成,过渡层的厚度一般为 5～10 cm,中砂的粒径 0.35～0.5 mm 为宜。

为了提升雨水花园的调蓄能力,填料层一般应采用沸石,填料层厚度为 0.5 m,排水层铺设粒径为 1～2 cm 的砾石,厚度以 0.3 m 为宜。溢流设施包括贯穿蓄水层的厚度方向的溢流管和位于雨水花园底部的溢流排水管,溢流管与排水管是连通的。溢流管具有溢流口,溢流口上通常安装有孔隙大小为 1～2 cm 的蜂窝形挡板,蜂窝形挡板高出蓄水层与溢流管连通,较低的一端与附近的排水支管或雨水井连通。同时,调蓄型雨水花园可以与导流设施串联,从而形成分散联系的绿色基础设施系统。例如,设置植草沟、明沟、暗沟等传输装置将场地径流连通至雨水花园中,增加流入雨水花园的径流量。

(2) 净化型雨水花园

由于净化型雨水花园可以较小的面积处理较大的汇流面积所收集的径流,且对污染严重的径流有非常良好的处理能力,因此其可应用在污染较严重的广场区域。净化型雨水花园在特定的场地中可与导流设施串联,从而起到更好的协同作用。如,在广场上设置表面铺设多孔砖的暗沟,快速引导雨水径流流入雨水花园,提升雨水花园对广场上产生的雨水径流的处理效率。

净化型雨水花园的结构包括:预处理设施、蓄水层、种植层、覆盖层、过渡层、填料层、排水层、渗水设施和溢流设施。蓄水层一般可设置成 0.2 m 厚;种植层采用由 50% 粒径 0.35～0.5 mm 黄沙、30% 黄色粉质黏土、15% 泥炭、5% 有机肥按比例混合均匀的改良种植土;在种植层表面铺设 3 cm 厚粒径为 1 cm 左右的砾石或有机覆盖物作为覆盖层,防止雨水花园渗透速率过快导致干旱发生;过滤层由中砂铺设而成,其厚度通常为 5～10 cm,中砂粒径 0.35～0.5 mm 为宜。

为提升雨水花园对径流中污染物的净化功能,填料层采用瓜子片碎石,其厚度为 0.5 m。排水层一般铺设粒径为 1～2 cm 的砾石,厚度以 0.3 m 为宜。雨水花园的渗水设施由渗水管和渗水排水管构成;渗水管位于排水层的底部,常采用直径为 100 mm 的穿孔管,经过系统处理过的雨水径流由穿孔管收集进入渗水排水管,渗水排水管具有 1%～3% 的坡度,渗水排水管的较高一端与渗水管连通,较低一端与附近的排水支管或雨水井连通。溢流设施包括贯穿蓄水层厚度方向的溢流管和位于雨水花园底部的溢流排水管,溢流管与溢流排水管相连通;溢流管具有溢流口,溢流口上常安装有孔隙大小为 1～2 cm 的蜂窝形挡板,蜂窝形挡板通常高出蓄水层 12～17 cm。

2) 雨水花园植物选择

雨水花园中应用的植物应选择根系发达、净化能力强的植物。一般而言，生长速度越快、生物量越大的植物净化水体和抗污染能力越强。同时，植物根系可以吸收土壤中累积的地表径流污染物，恢复土壤的吸附、净化能力。另外，植物发达的根系可以防止在雨水冲刷过程中出现倒伏现象。但是雨水花园中不适合使用根系过长的植物，以避免其根系的生长穿过过渡层，破坏填料层和排水层，甚至堵塞排水层的渗水管，导致雨水花园的渗透、排水能力下降。

雨水花园应选择耐涝、耐旱、抗污染、抗病虫害的植物。因为其雨水处理净化消纳系统是全年连续运作的旱地生态系统，植物要经历丰水期和枯水期。为了保证雨水花园的雨水净化消纳系统全年都能运行，应选择耐涝又有一定抗旱能力的植物。同时，因为植物根系有时要接触浓度较高且变化较大的污染物，如颗粒物、营养盐、有机物等，所选用的植物应抗水污染。另外，雨水花园在积水情况下易滋生蚊虫，所以应选择具有抗病虫害能力强的植物为佳。

5.4.3 植草浅沟

乡村公共广场表面降雨径流污染物成分一般包括悬浮颗粒物、氮磷污染物和有机污染物，同时降雨径流的水量变化和水质变化大，较强降雨条件下初始冲刷效应明显，因此，植草浅沟需要满足较强的抗冲刷能力和去污能力。

1) 结构设计参数

不同覆盖方式的乡村公共广场产生的降雨径流水量和水质情况有一定差异，如，不透水铺装广场的径流系数约为0.9，产生的径流量大，由于休闲游憩活动的影响，其降雨径流中的总悬浮颗粒物、有机物和氨氮污染严重。因此，适用植草浅沟结构由 30 cm 种植土、20 cm 砌块砖和 10 cm 碎石所构成。而铺设多孔砖等透水铺装的广场，其表面径流系数较小，约为 0.35~0.5，降雨径流污染物浓度相对较低，且由于广场的游憩休闲活动功能，对植草浅沟的景观性要求较高。因此，适用的植草浅沟结构仍由 30 cm 种植土、20 cm 砌块砖和 10 cm 碎石所构成。

2) 适用规模

针对不透水铺装地面的广场，可沿着广场四周布置宽度为 1.5~2 m 的功能型植草浅沟，也可在整个广场条带状散布植草浅沟，宽度也为 1.5~2 m，植草浅沟的总面积一般为广场的 1/4。对于透水性铺装的广场，可根据广场的综合净流系数，按比例适当缩小植草浅沟的面积，但为确保植草浅沟功能的完整性，其宽度不宜小于 0.6 m。同时，由于广场的休闲游憩功能，植草浅沟的坡度可偏平缓，并设立相应的警示标志，防止发生意外。

3) 植物配植

适用于广场的功能型植草浅沟需兼顾降雨径流水量水质控制、景观及游憩要求。因此,可在选择去污能力强、根系发达、茎叶繁茂的灌木和草本植被的基础上,增加植被物种的丰富度和层次,适当配植宿根花卉和开花灌木。适于广场的功能型植草浅沟的植物在抗逆性和耐贫瘠能力上相对较差,需要较多的养护和管理。可适用于停车场的功能型植草浅沟的植物有:狗牙根、葱兰、细叶麦冬、金叶苔草、细茎针茅、血草、花叶蔓长春、鸢尾、紫娇花、杜鹃和千屈菜等。

第 6 章 院落住宅低影响开发技术

院落住宅是乡村聚落结构的重要组成部分。随着乡村经济的发展和城镇化建设加快,乡村居民对原有老旧住房改善重建的需求越来越强烈,很多乡村地区正在加快农房的集中安置工作,使得乡村自然风貌发生很大的变化,尤其是院落住宅的大拆大建对乡村地区水文机制和环境的负面影响日益加大,急需乡村地区院落住宅低影响开发相关指导。为此,本章将具体介绍低影响开发下院落住宅设计、元素筛选及雨水资源化利用与景观营造。

6.1 低影响开发下院落住宅设计

6.1.1 设计依据

1) 气象水文分析

对院落住宅进行气象水文条件的分析是场地低影响开发的首要步骤。掌握院落住宅所在地区的气象水文翔实信息，例如年平均降雨量及蒸发量、月平均降雨量及蒸发量、特定暴雨重现期一天内的最大降雨量等资料，是确定低影响开发技术具体设施、确立设施布局规模大小的基本依据。我国地域广阔，各地区降雨特征差异明显，降雨多寡对选择低影响开发技术设施具有决定性影响。地处干旱地区和半干旱地区（即年平均降雨量在 400 mm 之内）的乡村院落住宅，应提倡就地或就近对雨水径流进行控制，可以将雨水直接渗入地下以回补地下水，或滞留于附近的绿地中以浸润植物。由于干旱地区和半干旱地区的蒸发量较大，雨水资源不能大量收集与利用，故不建议在院落内营造过多景观，如绿色屋顶。在雨水径流外排前，应充分发挥院落花园、绿地的净化功能，重点控制雨水径流污染。地处半湿润地区（即平均年降雨量为 400～800 mm）的乡村院落住宅，应采取相应措施进行雨水渗透、滞留和收集利用,根据景观需求建立适宜规模的院落花园、绿地和绿色屋顶,并可设置小规模的雨水桶等收集措施,以备院落花园、绿地的浇灌所用。地处湿润地区(即平均年降雨量在800 mm以上)的乡村院落住宅,由于雨水资源丰富,应对院落住宅的雨水径流规模进行控制,需要最大限度地保持院落的雨水下渗能力,最小化不透水面积,同时蓄积降雨后期雨水径流,以用于院落景观灌溉和冲厕等生活用水。

2) 用地条件

(1) 雨水径流水质条件

乡村院落住宅雨水径流来源于屋顶、院落外墙面以及水平铺设。雨季时,晴天时间较短,大气干湿沉降降落到院落住宅表面的污染物较少,院落住宅径流水质相对较好;旱季时,晴天时间较长,大气干湿沉降降落到院落住宅表面的污染物较多,径流水质相对较差。因此,雨季时院落住宅低影响开发收集存储的雨水可以用作冲厕等生活用水,旱季时收集存储的雨水可用作院落景观灌溉。

(2) 排水条件

在制定设计方案之前,应该对院落住宅进行整体规划考虑,主要考虑院落住宅屋面、立面排水和院落内地面漫流排水条件,包括自然排水条件和工程设施排水条件。

① 自然排水条件

自然排水条件主要包括三方面内容:地面坡度、径流传输通道和汇水点。院落内地面坡度是决定地表径流流向和流速的主要决定因素；同样，屋面类型决定了屋面径流的流向和流速。径流传输通道主要用于雨水输送，如冲沟，受地面坡度的影响。汇水点是院落住宅总径流外排的主要聚集点。

如果院落住宅现有天然排水条件良好，计划低影响开发方案时可以只在院落住宅中设置少量排水设施，这样做能明显降低工程设施对乡村院落住宅自然面貌的破坏，保持乡村自然特色。如果院落住宅天然排水条件较差，则需要在设计方案中设置人工干预，构建一套集技术设施与景观效益于一体的雨水径流控制系统。

② 工程设施排水条件

在乡村开发建设中，院落住宅是其中主要的开发对象之一，工程性措施是必然手段。因此，在制定方案时，应该考虑院落住宅工程设施排水最佳条件，确认屋面雨水落水口位置、院落内地势走向。在具体工程设施选择方面，应结合低影响开发技术设施的布局，将落水口、汇水点尽量设置在院落花园景观处，以利于径流通过下渗方式排出。

（3）汇水面覆盖条件

院落住宅汇水面包括院落住宅屋面和院落内地面。汇水面的覆盖情况决定了雨水径流水量和水质。制定规划方案前应了解院落内各种汇水面的布局、占地面积等情况，进行综合分析并判断其是否符合低影响开发技术设施所要求的下垫面透水性。对于院落水平屋面可以引进低影响开发的绿色屋面，进行工程性滞留屋面径流，对于院落内地面，应尽量降低建设开发过程的扰动,最小化不透水面积,可以进行低影响开发的透水铺设,设置院落花园景观、菜地等,尽量保持院落透水下渗现状。

6.1.2　设计目标

1) 院落内地面干扰最小化

低影响开发院落住宅能否成功取决于原生态的院落绿景布局。因此,在规划设计时应有意识地结合院落本身的绿色格局。乡村居民习惯于居住在绿色田园环绕的空间中。一旦乡村开发照搬城镇化模式,将大大改变居民的生活环境,降低居民的生活质量。减少对院落内用地性质的改变有助于降低开发对居民原有生活的干预。

2) 保护院落脆弱的自然特征和过程

低影响开发最重要的目标之一就是保护场地敏感而脆弱的自然特征和过程。因此,需要在院落住宅调查分析时充分收集信息,以确定院落中的可开发和不可开发部分,以保证开发过程中,不会明显破坏原有资源(如土壤、空气、水文和植被等)。低影响开发倡导减少对自然水文情况和场地产生的雨水径流量。实施低影响开发措施可以提高水质处理能力,增加地下水补给。

3) 连接院落内的绿色设施

乡村院落内的人造绿色景观往往孤立存在,而孤立存在的绿色景观之间的相互连接更加凸显乡村的自然风貌。因此,院落住宅设计过程中应努力识别院落内和住宅屋面可以开发的区域以扩大区域绿色设施开发建设,并采用适当的措施将各分散的绿色设施串联起来,如从屋顶到院内地面的花园或菜地,可以通过透水铺装代替传统的自然冲沟连接或管道连接。

4) 利用好院落内原有自然资源

低影响开发要求充分利用场地的自然资源达到它们的功能和审美要求。因此,合适且正确的设计应该是更多地利用院落内的菜地、花园景观小品和树木等,既可以提供院落径流雨水管理解决方案,又能保持乡村院落自然绿色面貌,并能使乡村居民心情得到舒展,增加了开发后乡村院落住宅空间的丰富性和多功能性。同时,对院落的自然特征(菜地、花园绿色小品、树木等)进行利用,还可大大降低院落住宅开发和后期维护的成本。

5) 源头分散管理雨水

院落住宅屋面雨水径流是乡村院落水文资源的主要来源,对院落水文特征的影响很大。通过低影响开发合理布局和设计建设绿色屋顶,最大限度从源头截留屋面雨水,以迟滞院落地表径流形成的时间和规模,为径流漫流或外排减轻压力。

6.1.3　设计原则

1) 尊重院落原有水文特征

在院落住宅开发改造之前,应通过调研了解院落的原有水文特征,确定院落中的水文脆弱部分,例如,院落中人行路径。同时将场地中具有收集、渗透以及涵养水源功能的部分(如菜地、花园景观小品等)有机地结合起来。通过对这些部分的尊重和保护,可以有效地保持院落住宅乡土气息。

2) 院落住宅个性化控制

与城市建筑不同,乡村院落住宅多是个体居民自建行为,个性特征明显,差异较大。院落住宅结构和自然风貌不同,降雨时雨水径流的水文特征也不同,因此,不能千篇一律地进行类似城市化的建设,而使得乡村特征丢失。这就需要结合具体院落住宅的特点,采用具体的"一院一议"的方法以保护院落住宅原有构造风格、排水特征。院落住宅的设计范围包含菜地花园等景观、地面铺设、收集利用部分、绿色屋面等,具体院落的构造风格、排水特点不同,雨水控制的具体技术措施也不同,需要通过对具体院落住宅进行整体规划考虑,达到对整个院落的雨水管理要求。院落住宅个性化控制是保护乡村院落自然风貌和水文特征的有效方式。

3) 从源头控制院落雨水

场地的变动必然导致原本的自然状态的改变。因此,需要在改变的地方引入雨水控制措施,使径流在产生的源头就得到控制,以保证场地开发前后的水文过程的最小改变。通过对院落住宅的合理布局和规划考虑,在屋面设置绿色植被,院落地面铺设多孔渗透性砖块,以避免院落住宅开发建设中可能增加的不透水面积;同时,保留或增设院落内花园景观、菜地等透水绿地,使得院落住宅内的径流能就地滞留、下渗,最大限度地降低院落径流对整个乡村区域水文环境的负面影响,从院落住宅源头实现对雨水的控制。

4) 尽量降低成本

在土地开发过程中减少传统的雨水处理工程措施的应用,是低影响开发理念希望实现的重要目标。乡村建设对院落住宅的开发改造,不应只是一味地搞混凝土等硬质化不透水地面的院落,这不仅增加建设成本,改变乡村住宅的乡土风貌,同时也会加速院落雨水径流的快速排出。结合院落住宅原有的绿色元素,并通过简单非工程性措施,将原有绿色元素与雨水控制相结合,能有效降低乡村院落住宅建设改造及后期维护的成本。

5) 景观多元化

通过低影响开发技术措施在乡村院落住宅内的使用,在具体院落中营造雨水径流管理的特色景观,合理布局并建设具体特色的院落住宅,使乡村绿色景观多元化。

6.1.4 设计途径

1) 源头控制阶段

将从源头控制院落内雨水径流水量和污染物总量作为目标,采取低影响开发措施确保院落内的雨水径流被就地消纳、净化并回用或补充地下水。

(1) 增加滞留时间

雨水的滞留可延迟雨水径流形成的时间和规模,缓解集中排放压力。雨水滞留时间与径流路程息息相关。在乡村院落住宅开发建设中,低影响开发滞留径流设计途径包括:一是利用屋顶与院落内地面之间的竖向差距,通过绿色屋面、雨水桶等途径延长屋顶雨水径流在院落内地面汇流的时间和规模,收集雨水以便加以利用;二是通过多孔透水铺装、菜地、花园小品等途径,将院落内汇流的雨水部分就地下渗,部分进入菜地花园小品进行净化处理。

(2) 保护院落自然下垫面

传统乡村建设过程中,院落内地面大多进行不透水铺设,清一色的混凝土硬质化地面,导致院落内雨水下渗困难,径流外排规模增大、时间缩短。而低影响开发院落住宅下垫面设计途径包括:一是保留或扩大院落内菜地、花园小品等绿地的面积,二是以多孔透水砖铺设代替纯混凝土地面,达到保护院落自然下垫面,改善院落雨水径流就地消纳性能。

2) 运送传输阶段

运送传输阶段是指雨水综合利用与处理的中间阶段,主要是通过多样工程管理措施改变地表水文活动,在雨水运送阶段截留、迟滞、过滤雨水径流。乡村院落住宅雨水径流排放运送路径很短,传统建造采用的排水路径包括墙体立面排水管和院落内地面明沟。而在低影响开发设计理念指导下,其排水方式可以进行景观化布置,一是对院落内明沟进行渗透铺装设计;二是利用雨水桶、雨水干井,削弱屋顶、墙体立面雨水径流降落势能对院内土壤的侵蚀破坏。

6.2 低影响开发下院落住宅元素筛选

与传统功能的乡村院落相比,新型乡村院落住宅包括普通民居、农家乐及民宿三种类型。

6.2.1 普通民居型院落

1) 立面铺装

普通民居院落铺地按类型分有三种:主要场地铺地、休闲空间铺地、菜圃小径铺地。

主要场地铺地：乡村院落有晾晒农作物庄稼的需求，因此，主要场地的铺装首先要满足平整大方、易于打扫的要求。目前，普通民居主要运用水泥铺地，虽然满足了实用的需求，但其亲水性差，增大了院落的不脱水表面积，阻隔了雨水的循环，破坏了院落与自然充分结合的途径，同时水泥铺地也缺乏观赏性。可以选用青石板替代水泥铺地（表6-1）。

表6-1　院落铺装实例表

青石板：青石板质地密实，强度中等，易于加工，可采用简单工艺凿割成薄板或条形材等多种样式，铺设效果平整大方，而且具有古建筑的独特风格。	卵石花纹铺地：就地取材，用当地不同颜色的卵石铺设出各种图案，有吉祥的寓意，易于被村民接受，且观赏性高，亲水性强，烘托出闲适的氛围。	青砖小径：利用多余的青砖在菜圃中铺设一条小径，成本低，而且铺设砖纹多样，美观生态。同时草籽从砖缝生长出来，富有生气勃勃的田园气息。

休闲空间铺地：普通民居院落休闲空间主要集中在入口花廊空间以及果树下的休憩空间，面积较小，铺地可以选用与"场"相同结构的铺地。为了美观考虑，也可以选用卵石、木板等铺地进行区分。

菜圃小径铺地：院落菜圃可铺设步汀石、卵石小径或青砖路,这些都是比较生态、美观的方式。

2) 小品设计

普通民居院落小品设施现阶段比较缺少,但随着乡村建设的发展,村民生活条件逐渐提高,对于院落休闲景观小品的需求也越来越强。把最贴近生活的闲置品进行加工打造,再种上各式各样美丽的花,摆在院落内,摆出和院落、自然相融合的造型。按照类型主要有以下三大类:

① 日常使用类:井、洗手池、石凳、桌椅;
② 观赏类:盆景、花廊、藤架等;
③ 生态技术类:可以将小品设施与生态技术相结合,例如院落湿地、生态鱼池等(表6-2)。

表6-2 普通院落小品设计实例表

池塘边花架搭配座椅,成为院落美观的休闲一角。	枯木雕刻的花盆搭配着多肉植物,摆放在院落如同一幅画卷。	生态鱼池旁种植几株紫竹,搭配旧石槽与磨盘,情趣盎然,古风古貌。

3) 屋顶布局

乡村普通民居型住宅屋顶结构因地域大致可分为混凝土

沥青浇筑平屋顶和瓦质坡屋顶。北方地区的乡村屋顶多以混凝土沥青浇筑平屋顶为主，而瓦质坡屋顶为辅，且常见于两层以上的楼房。南方地区的乡村屋顶多以瓦质坡屋顶为主，而混凝土沥青浇筑平屋顶为辅。由于北方地区降雨多在夏秋季节，且雨量较小、强度较低，该地区的乡村屋顶主要设置集约型绿色屋顶，植物选用耐旱型本地植物，截留净化的雨水可以作为屋顶植物浇灌、冲厕等日常使用，并部分补充地下水。由于南方地区降雨四季均有发生，夏季易发暴雨，雨量大、强度高，该地区的乡村屋顶应考虑传统型绿色坡屋顶和密集型绿色平屋顶两种形式。

6.2.2 农家乐型院落

1) 围墙设计

民居建筑和围栏共同围合形成了院落空间。农家乐型院落围墙可以采用乡土材料的砌体，变化丰富的样式，融入乡村文化元素美化装饰墙体。农家乐院落开放性较强，完全围合的围墙不适用。增加内外沟通主要从两个方面考虑：

① 镂空墙体用以沟通院落的内外空间，加强院落的景深，同时在围墙外种植竹子等植物，防风保暖；

② 在防护要求不强的乡村院落中，可采用木质隔栅、竹篱笆等乡土材料，美观经济的同时凸显农家风情（表6-3）。

表 6-3 农家乐院落围墙实例表

低矮的木栅栏，边上种植蔬菜。	砌砖墙体镂空木格栅，配合竹子。	局部用木条围合。

2）植物搭配

宜突出乡土特色，与农家乐所处环境相协调；保持植物景观品种的多样性，在配置过程中引入瓜果蔬菜作为观赏对象，利用其时令性丰富院落的多样性；将生产功能与景观功能相结合，并赋予景观以民俗文化的内涵。

植物景观的多样性可以从空间的层次感进行"乔—灌—草"的搭配，突出时间推移的季节变化，达到审美效果上的色彩变化（表 6-4）。

表 6-4 农家乐院落植物多样性实例表

色彩搭配	盆景种植	特色植物	水陆结合

3) 立面铺装

铺装材料多种多样,材料不同产生的装饰效果亦不相同。注意铺地材质感和建筑材质感相协调,不宜过分烦琐,喧宾夺主。铺地材料尽可能和环境风格相吻合,否则会破坏大环境氛围,失去美感(表6-5)。

表6-5 铺装材料分析表

材料类型	特点	使用情况	设计效果	实景照片
园林烧结砖	耐用、抗热、成本低廉、砌筑灵活	广泛、大众化	自然美、历史感	
彩色混凝土装饰	施工方便,自然美观,立体感强,坚固耐久	局部、特色采用	美观、现代感	
混凝土地砖	美观、经济、实用	广泛、大众化	设计灵活、简洁大方	
防腐木地板	防腐、防虫、防蚁、防各种有害微生物	局部、特色采用	生态、古朴	
鹅卵石	美观、稳重、实用	局部、特色采用	精致、古朴	

图案化是地面铺装处理的常用手法,可以凭借多种多样的形态、纹样,来衬托、美化环境(表6-6)。

表6-6　铺装设计方法分析表

设计手法	特点	使用情况	设计效果	实景照片
重复	秩序感强，具有一定的领域感	广泛、常见院落中心或道路组织	具有一定韵律，视觉效果单一	
渐变	变化性强、丰富	院落中心，面积较大或者距离较长	设计灵活、富于变化	
发散	视觉空间扩散，领域感减弱	院落中心	灵活	

4）小品设计

景观小品的色彩千变万化，能给人带来不同感受，能充分展示造型的个性，解释活动于该环境中人的客观需求。色彩应与景观小品的功能相结合，与造型质感等要素相协调。

景观小品的质地随着技术的提高，选择范围也越来越广，形式也越来越多样，包括从铁器、陶瓷、木材等到塑料、高分子、合金等的运用。就乡村院落而言，材料的选取宜就地取材，外在用乡土材料进行表现，内在架构采用现代材料保证坚固耐用。图6-1是廊柱制作示意图。

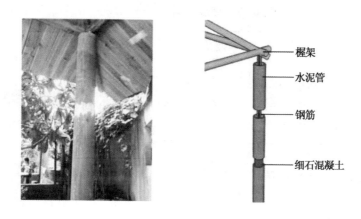

图 6-1 廊柱制作示意图

6.2.3 民宿客栈型院落

1) 围墙设计

民宿客栈院落围墙作为其展示主题特色的第一道风景,展示效果最重要。其表现形式多样,因此,可以从材料组合和墙体装饰两方面研究围墙设计:院落围墙材料主要有石材、木材和砌砖三种,两两组合可以产生丰富的效果(表6-7);墙体装饰主要有壁画、花窗以及植被三种,可以起到软化围墙的作用。无论采用哪种围栏形式,在保证围护、分隔功能的前提下,围栏都应该注重美观,体现乡土特色(表6-8)。

表 6-7　民宿围墙材料组合表

实景照片			
材料组合	石头＋木栅栏：用石材堆砌出一个框架，间隔用高120 cm木隔栅依次构建。围墙坚固耐用，适用面广，方便牵藤蔓植物装饰。某些条件下可以用青砖替代石材。	木围栏＋条石：每隔90 cm用120 cm高的木桩（15 cm×10 cm）固定在地基上，底部铺设20～30 cm高条石，中间用细木条榫卯串联。围墙开放性强，适合在景观优美的地块设置。	青砖＋石块＋瓦片：底层砌100 cm青砖，再在中间堆砌500 cm石块，最上层排砌2～3层瓦片。墙面起伏平仄，乡土气息重且美观。材料可以用改造旧房屋省下的砖瓦，环保且成本低。

表 6-8　民宿围墙墙体装饰表

实景照片			
墙体装饰	壁画：在围墙内外两面绘制表现当地风俗习惯、农耕文化或者历史典故的壁画诗词，是围墙与人文环境融合的一大体现。	花窗：在原本砖砌围墙中挖镂空花窗，可以设置玻璃保温。传统的围墙装饰方式，可以增强内外联系，易于保持原有的风貌。	植被：在围墙外种植彩色花卉跟少量蔬菜，围墙表面牵引蔷薇等植物，底部放置喜庆的盆景，软化围墙同时生态效益高。

2) 植物搭配

民宿客栈院落植被选择以观赏性高的园艺植物为主,角落辅以少量大型花盆,栽种应季花卉。观赏蔬菜色彩鲜艳,观赏价值高,营养丰富,风味独特,已经发展成为乡村民宿客栈院落景观设计中的重要元素。观赏蔬菜的种植可采用小型花坛式栽培为主,配合篱棚式栽培,再以容器栽培作适当补充(表6-9)。

表6-9 民宿植物搭配一览表

蔬菜主要类型	彩色菜类	观赏瓜茄类	可食花果类
观赏蔬菜品种	羽衣甘蓝、紫背天葵、彩色花椰菜、费菜、彩叶莴苣、七彩菠菜、红牛皮菜、五彩苋菜、食用仙人掌和芦荟等。	樱桃番茄、观赏椒、袖珍茄子、水果黄瓜、观赏南瓜和人参果等。	金柑、菊花、月季、玫瑰、桂花、茉莉、栀子、荷花、丁香和牡丹等。
实景种植效果			

民宿客栈院落种植池作为划分小空间以及丰富植被盆栽色彩搭配的重要元素,需要额外设计。种植池可以由木头、石块或砖三种材料建成。考虑到土壤的自重,大型的种植池高于8层砖高时,须要水泥地基(宽度为墙体的2倍)。排水必须良好:首先打碎底层土,加一层碎砖石,再填入约45 cm优质表层土。种植池高度一般为90 cm,若前面建烧烤台则应为110 cm,但对于轮椅使用者来说,高度以60 cm为宜。在墙上设扶手或横杆可为残疾人提供方便。表6-10为民宿小品组合一览表,表6-11为民宿小品摆放方式一览表。

表 6-10 民宿小品组合一览表

材质分类	石块		木头				砖
组合方式	卵石	石块	条石	小木桩	竹篱笆	原木桩	木条	砌砖
实景照片								

表 6-11 民宿小品摆放方式一览表

组合方式	点式组合		线性摆放		立体摆放		
	门口两侧摆放	墙角组合摆放	沿水池或路径摆放	靠墙顺次摆放	沿台阶跌落摆放	倚木支架垂直摆放	贴墙吊挂摆放	搭配假山摆放
模式图								
实景照片								

在民宿客栈型院落中，盆景具有较高的艺术美与自然美，而且具有容易打理、便于转移组合的特点，容易给游客和住户带来新鲜感。适合民宿院落的盆景的摆放模式主要有点式组合、线性摆放、立体摆放三种。花盆的材料也有陶瓷、塑料、木头、石料等。

3) 立面铺装

现今可供选用的铺装材料和铺装方式非常丰富，硬质铺装有混凝土、石片、砖、木、瓦、瓷等，软质铺装有草地、植被、树皮等，因此在民宿客栈铺装设计中铺设方式和图案设计的手段也非常丰富，铺装在院落设计中起到了很大的作用。民宿客栈院落铺装除了考虑装饰地面、引导空间、表达文化和历史传承的作用外，还要考虑生态效益。

铺地形式。民宿客栈院落由于尺寸特点以及功能特性，软质铺地应用较少，硬质铺地主要有两类形式：一是用天然的石材铺成不规则的形式；一是用预制块铺成各种图案。预制块的尺寸、形状及图案应由硬地的尺寸和形状决定，避免被切割得一团糟。大多数情况下，铺地应作为植物的陪衬，注意不要喧宾夺主。但是可利用铺地图案，使院落看上去宽些或长些，或者是创造统一和谐的效果。

铺地组合。单种材料的铺地不容易让生态效益最大化，因此需要从耐用度、实用性、成本等多角度考虑各类铺地的组合搭配，往往能达到意想不到的效果（表6-12）。

表 6-12　民宿铺地组合方式一览表

组合形式	材料特点	铺设方法	实景照片
混凝土＋卵石＋砌块砖	混凝土应用广泛、物美价廉；卵石色彩纹理美观，可按摩脚底穴位，有益身体健康；砌块砖实用，简洁大方。三种材料色彩和谐、优势互补，亲水性好。	混凝土卵石混合铺设，在混凝土未干时用刷子轻刷表面使卵石裸露在外，外围辅以砌块砖衬托装饰。	
透水砖＋细卵石＋草皮	透水砖坚实耐用，能承担人流活动；细卵石过渡软硬质铺地，过滤溢出的雨水；边角少量草皮可以渗透并储蓄雨水。三种材料透水性依次提升，分级吸、滤、渗、蓄雨水。	活动空间主体部分铺设透水砖，外围低 1～2 cm 铺设一圈细卵石，院落边角铺设植草皮或者种一圈观赏蔬菜。	
青石板＋植草沟＋卵石块＋白砂石	青石板风格古朴、质地优良；植草沟有渗水作用；卵石块坚实，美观、固土，防止水分蒸发；白砂石细腻亲水、枯山水风格，与平整的青石板相互映衬。	休闲空间铺设青石板，低 3～5 cm 在观赏空间铺洒细砂石，边界用卵石块巩固，设置一条宽 30～40 cm 深 10 cm 植草沟吸收雨水。	
炭化木地板＋砂石＋卵石＋石块	炭化木地板吸热保温、舒适美观；底层砂石亲水洁净；卵石和石块装饰效果好，方便藤蔓花草攀爬。木板与卵石搭配，配种一些多肉植物，变化多样，极具情调。	凉亭、亲水平台、靠近建筑部分可以在底层铺撒一层 3～5 cm 砂石，上方铺设木地板，边沿低 5～10 cm 用卵石块点缀。	

4）小品设计

民宿客栈型院落小品设计不同于城市特点院落，需以实用性为第一出发点，观赏性为辅。因此，小品设计与院落人居环境相融合，要发挥小品的功能性特点。将院落常见的如晾衣架、洗手池、井、储藏角等设施小品化、景观化处理，使得这些设施满足居民日常使用功能的同时，兼顾美观（表6-13）。

表6-13 民宿小品配置一览表

石头井上方加盖精致的木头架子、毛草顶棚，形成院落一处小景。	竹子、石缸简单组合成极具意趣的洗手池，方便浇灌，实用美观。	木头搭建的秋千搭配原木座椅，原汁原味，晾晒休闲，功能多样。

表6-14 民宿院落小品布置实例表

浙江桐庐梧桐凤庐民宿院落一角，小品设计运用竹墙、石缸、花窗等元素来彰显桐庐"潇洒桐庐郡，家家竹隐泉"的才子文化符号。	莫干山山间民宿院落入口，大量石材、毛草、木桩设计的小品，掩映在万山群碧间，烘托出莫干山"半为烟遮半树藏"的林隐文化。	西塘胥苑古董小亭苑客栈院落小景，小品设计结合了石桥、太湖石、瓷盆、石花栏杆等元素，凸显出西塘江南小镇的温润。

(续表)

通过对乡土材料的多元化运用,如废旧独木筏改造的座椅,石磨改造的水池,一些就地取材的卵石、簸箕、木桩等结合运用,与建筑铺地相得益彰。	用生长着的柳枝编织凉亭,与周围环境融为一体,还可以通过修剪,变换造型,美观新颖。	院落角落摆放几个大小不一的水缸,本身极具农家气息,同时,既可以种植荷花提高观赏性,还可以养鱼丰富情调,缸里的水还可以调节院落微气候。

民宿客栈院落小品设计要利用周边自然环境和人文风情的独特性与专属性,围绕鲜明的主题定位,突出体现地域性特征的文化符号,同时体现乡土情调,注重淳朴民风的保持和发扬。如浙江德清莫干山脚下的山玖坞民宿客栈就很好地做到了这一点,真正打造成为民宿旅游精品,通过文化符号的提炼、放大、点缀,让住客深度体验,从而深受国内外游客的喜爱,真正成为农家乐精品。

院落小品设计与自然环境融合主要体现在三个方面:一是材料选用乡土材料,例如竹子、木桩、芦苇、陶罐等;二是造型色彩与植被、铺地、建筑风格相协调;三是凸显可持续、系统化的生态效益(表6-14)。

6.3 院落住宅雨水资源化利用及景观营造

6.3.1 雨水利用

1) 屋面雨水收集

屋面雨水相对干净,杂质、泥沙及其他污染物少,可通过弃流和简单过滤后,直接排入蓄水系统,进行处理后使用。其收集利用方式可分为三种:直接泵送雨水利用系统、间接泵送雨水利用系统、重力流雨水利用系统。

直接泵送雨水利用系统:雨水—屋面雨水收集—过滤器—贮水池—水泵—供水(冲厕、洗衣、灌溉)。

间接泵送雨水利用系统:雨水—屋面雨水收集—过滤器—贮水池—水泵—高位水箱—供水(冲厕、洗衣、灌溉)。

重力流雨水利用系统:雨水—屋面雨水收集—过滤器—高位水箱/集水池—供水(冲厕、洗衣、灌溉)。

屋面雨水收集系统要注意屋面材料的选择和屋面坡度对集水装置的影响。就集水屋面材料而言,对雨水无污染或污染较小的材料在逐渐替代原本对屋面硬化处理的沥青或沥青油毡,一般以瓦和水泥为主,利用雨水斗和雨落管排放雨水径流是目前屋面雨水排放比较常见的方式。就屋面坡度而言,其决定雨水的流速,间接影响着水质情况。平屋面的排水坡度宜为2%~3%,结构找坡宜为3%,材料找坡(即建筑找坡)宜为2%,天沟(檐沟)纵向坡度不应小于0.3%。在设计实践中,权衡利弊,主坡做成2%,副坡(即边坡)做成0.5%较合适。

2) 院落地面雨水收集

院落地面的雨水杂质多,污染物源复杂。在弃流和粗略过滤后,还必须进一步处理才能排入蓄水系统。院落集雨面应防止畜禽进入,以及化肥和农药污染等。多个院落集雨面便构成集流场,在其周围应避免生活垃圾堆放和畜禽粪便污染,降雨前应清扫集雨面,排弃初期雨水而收集水质较好的后期雨水。通过院落地面坡度,让雨水汇集自流入雨水处理设施,如院落式人工湿地、雨水花园等,处理后的雨水进入蓄水系统备用。

铺设院落不透水集雨面时应设定适宜坡度,院落地砖不需要铺得太平整,应选择透水性材料,最好预留沟壑,有利于保留水土。自然地质地貌也是采用这样一种比较环保科学的方式,屋顶的地漏所在角落应适当降低平面,方便泥土中过多的水分从地漏排出去。

雨水存储设施包括简易水箱或水桶、雨水调节池和雨水窖,雨水收集完后可用于生活用水或灌溉用水。

6.3.2 景观营造

1) 雨水花园

雨水花园是一种有效的雨水自然净化与处置技术,也是一种生物滞留设施,宜建在院落地势较低的区域,通过天然土壤或更换人工土和种植植物净化、消纳小面积汇流的初期雨水。同时通过景观植物的配置能够达到很好的景观和生态效果。

雨水花园蓄水层可为暴雨提供暂时的储存空间,其高度根据周边地形和当地降雨特性等因素而定,一般多为100~250 mm;覆盖层一般采用树皮进行覆盖,可以保持土壤的湿度,最大深度一般为50~80 mm;植被及种植土层一般选用渗透系数较大的砂质土壤,其主要成分中砂子含量为60%~85%,有机成分含量为5%~10%,黏土含量不超过5%。种植土层厚度一般为250 mm左右,植物应是多年生的,可短时耐水涝,如大花萱草、景天等。人工填料层多选用渗透性较强的天然或人工材料,其厚度应根据当地的降雨特性、雨水花园的服务面积等确定,多为0.5~1.2 m。当选用砂质土壤时,其主要成分与种植土层一致。当选用炉渣或砾石时,其渗透系数一般不小于0.01 mm/s。砾石层由直径不超过50 mm的砾石组成,厚度200~300 mm。在其中可以埋置直径为100 mm的穿孔管,经过渗滤的雨水由穿孔管收集进入邻近的河流或其他排放系统。通常在填料层和砾石层之间铺一层土工布是为了防止土壤等颗粒物进入砾石层,但是这样容易引起土工布的堵塞。也可以在人工填料层和砾石层之间铺设一层 150 mm 厚的砂层,防止土壤颗粒堵塞穿孔管,还能起到通风的作用。

2) 院落水景

经过初期处理后的雨水可用来建设院落水景,创造舒适宜人的院落环境。院落水景主要可分为静态水景和动态水景。静态水景常以井、塘等形式呈现。动态水景常以跌水、溢流、喷水等形式呈现。

第7章 农业种植低影响开发技术

7.1 农业种植污染概述

7.1.1 污染状况

1) 主要污染的来源及危害

（1）化肥施用。化肥为农作物生长提供必需的营养元素，是农作物增产的促进剂。由于我国是传统的农业大国，农业生产中对化肥的施用一直存在着"重化肥，轻有机肥，肥料利用率低；重用地，轻养地，土壤有机质低；重产出，轻投入，施肥效益低"的"三重三轻三低"的问题。大量的化肥施用和低的利用率，导致养分浪费，同时化肥还会通过各种途径，进入农田周边水体,使水体藻类植物迅速生长繁殖,从而打破水体生态环境平衡,最终导致水体功能下降或破坏。

(2)农药喷施。农药的施用效率非常低,由于粗放型的施用,绝大部分农药散落于农田的土壤环境中,在降雨或灌溉时,随水循环过程流入到农田周边的水体中,并在水体中长久存在,水环境污染事故时有发生。

2) 污染形成过程

农业种植污染的形成主要有以下三个过程。首先,地表径流和地下径流形成的过程;其次,地表累积化肥、农药残留等污染物经过降雨径流的冲刷与淋溶形成土壤侵蚀的过程;最后,氮、磷营养盐及有机污染物等进入农田周边河道水体的过程。通过降雨及灌溉为载体,在差别化的下垫面条件下形成径流,对土壤产生侵蚀从而引起水土流失,大量农业种植污染物附着在泥沙上进入农田周边河道威胁水体水质。因此,农业种植污染形成过程可以理解为农田地表污染物伴随着降雨径流的产生、迁移及转化的一系列过程。

7.1.2 污染治理政策

随着化肥、农药等的大量使用,由农业种植引起的污染日趋严重。在国家高层对乡村环境问题日益重视的背景下,涉及农业污染防治的相关政策从无到有、从单一到全面,逐渐成为乡村环境管理框架中的重要一环,并先后经历了三个演变阶段。

1) 萌芽起步阶段

新中国成立初期,农业被确定为快速推进工业化、提高国力和改善生活的基础性支柱产业。为解决亿万人民的吃饭问题,进行了大规模砍伐森林、围湖造田,导致严重的水土流失、生态破坏。随着20世纪70年代国际环保思潮的兴起和国内环境污染问题的突出,1973年我国政府召开了第一次全国环境保护工作会议,提出制定了《关于保护和改善环境的若干规定》,涉及工业合理布局、城市环境改善、资源综合利用、植树造林、保持水土、环境监测等多项环境保护政策,确立了"全面规划,合理布局,综合利用,化害为利,依靠群众,大家动手,保护环境,造福人民"的环境保护方针,开启了我国环境保护事业的篇章。自1978年我国实行家庭联产承包责任制以后,由于农民生产积极性的提高,农业种植由传统种植方式迅速向现代集约种植方式转变,农业环境问题已非常明显。1979年我国颁布了《中华人民共和国环境保护法(试行)》,但是对乡村环境的关注主要体现在环境污染对农业生产的影响上。随后在20世纪80年代,伴随着改革开放基本国策确立,经济建设大步向前,同时,农业种植导致的环境破坏进一步加重,促使乡村面源污染防治问题迅速成为政府环境保护工作不可或缺的一个方面。这一阶段,农业种植污染问题已经初步在环境管理中得到认识。

2) 形成发展阶段

在 20 世纪 90 年代,我国的现代集约型农业种植方式得到进一步发展,大量的化肥、农药和农膜进入农田,导致农业种植带来的环境负面影响加大。从而,政府部门从制度上确立对农业污染的环境管理,将农业环保部门划归环境保护部门管辖,明确农业污染作为环境保护的关键部分,并先后出台了一系列法规措施。此外,1998 年国家环境保护局升格为国家环境保护总局,这意味着环境问题进一步受到中央政府的高度重视。然而,由于相应环境管理手段和技术措施的落后,这一时期制定的相关政策的效果并不明显。

3) 全面落实阶段

进入 21 世纪以来,国家开始着手从农业种植源头管控农田环境污染问题。例如,2000 年农业部发布《肥料登记管理办法》,对肥料产品的准入提出了环境管理要求,加强了对肥料使用的环境管理。在"十五"规划中,明确提出防治不合理使用化肥、农药、农膜和超标污灌带来的化学污染及其他面源污染,将农业污染问题以"农业面源"的概念纳入国家环境保护计划。在"十一五"规划中,明确了改革传统耕作方式,推行农业标准化,发展节约型农业,科学使用化肥、农药和农膜,推广测土配方施肥、平衡施肥、缓释氮肥、生物防治病虫害等适用技术,推广先进适用农机具,提高农业机械水平。同时,由于长期以来农业种植过程中所使用化肥、农药和农膜等在土壤和水体环境中的累积,国家在"十二五"规划中强调对农药、化肥和农膜等面源污染的全面治理,并在"十三五"规划中提出大力发展生态友好型农业,实施化肥、农药使用量零增长行动,全面推广测土配方施肥、农药精准高效施用。农业种植污染的环境政策正得到全面落实。

7.1.3 治理存在问题

(1) 缺乏农业污染监管机构。我国基层的环保系统是县一级环保机构,少数乡镇一级设置有环保站、环保助理、环保员等,但其对乡村环境保护的工作职责仅限于监督管理乡村工业污染,而并未涉及农业污染方面。这些年来,乡村农业环保工作一直处于不同部门分散管理的状态,由于部门众多,行政监管步伐不一致,利益不协调,导致农业环保工作得不到有效开展。同时,乡镇一级的地方政府一味追求当地经济发展,完全忽略农业环境管理,使得国家高层制定的政令法令得不到切实的贯彻执行。

(2) 农业种植污染监测方法缺失。近年来,相关部门虽然已对农业生态和土壤环境监测做了大量的工作,但这些监测工作很少涉及农业种植污染,对农业种植污染监测尚未形成统一标准。

(3) 农业种植污染治理手段单一。近年来,对农业种植污染的治理方式主要以政府相关政策作为依据、基层执行部门的行政管制作为手段。然而,行政管制往往为乡村经济发展让道,流于形式,导致农业种植污染治理效果不明显。

（4）缺乏公众参与。长期以来，农业种植对化肥、农药施用过度依赖，种植产量的高低与化肥、农药的使用高度相关，导致农户主观上对农业种植污染防治参与的积极性不强。

可见，我国农业种植污染整体形势仍然非常严峻，尽管国家的相关治理政策逐渐趋于完善，资金扶持力度加大，但是由于种种原因，农业种植造成的污染问题一直未得到有效控制。在美丽乡村建设等国家政策背景下，乡村环境保护宣传力度加大，农户的环保意识增强，基层政府部门开始积极开展奖励性农业种植措施，指导农户科学施肥、喷药。同时，大力修缮农田水利，确保农业种植顺利进行。然而，由于缺乏相应的规划和设计指导，不少乡村地区农田水利建设很大程度上改变了农业种植区域的水文环境状态，使得农业种植污染更快排入周边河道水体，也易于引发农田及周边区域的洪涝灾害。因此，需要对农业种植区进行整体的规划和设计，并在技术层面采用相关的低影响技术措施。

7.2 低影响开发下农业种植区规划

7.2.1 规划原则

1）生态性

农业种植区的自然植被覆盖量大、类型较丰富。农田水利的开发建设必然会对农业种植区的土壤和自然植被造成一定程度的影响,开发建设时应确保干预最小化,减小对农业种植区生态的破坏,保持生态与经济发展的平衡。

2) 因地制宜

由于各地气候特点和农村经济存在地域性差异,农田水利的开发建设应结合本地区实际的气候特点,并利用好现有的农田水利工程设施。

3) 综合性

农业种植区低影响开发应该全面考虑所处流域的生态保护目标、农业生产发展目标和区域水土资源开发利用目标,对水、田、林、草等要素进行统筹规划,将生态、经济与社会效益相结合,综合利用截、渗、蓄、灌等各项措施,对农田水利进行低影响开发建设规划。

4) 延续性

农田水利的低影响开发应与当地所属流域水系、水质特点相结合,还应与区域土地利用规划相结合,确保开发的延续性。

7.2.2 规划基础调查

规划基础主要调查农业种植区的地形、自然植被、水文特征和气象条件,通过现场勘察对农业种植区进行生态区域划分和建设用地的选择。

1) 地形

地形是农田水利开发建设重要的参考因素之一,地形影响了乡村农田设计的走向、高程和形状,对农田水利设施的布局和设计具有重要意义。

2) 自然植被

自然植被是乡村农田生态系统中相对复杂的构成元素之一,占地面积越大,对农业种植的负面影响越大,但是在预防水土流失方面却有着积极的作用,因此,对农田水利的低影响建设应该利用好农业种植区的自然植被。

3) 水文特征

农业种植区的水文特征主要包括降雨引起的农田地表径流、地下径流和农田水利枢纽灌溉引起的水循环。自然降雨降落到农田表面,首先通过土壤下渗进入地下,并向周边河道扩散,当下渗量达到饱和状态后,便在农田中形成径流,并通过农田周边的沟渠等水利枢纽流入周边河道水系。在农业种植期,农作物的生长需要将周边河道水系中的水通过农田水利枢纽引进农田进行灌溉,进入农田的水又会通过土壤入渗,流入到周边河道水系,形成水循环。因此,在农田水利的低影响开发建设前需要对区域的水文特征进行勘察。

4) 气象条件

对农业种植区气象条件的调查是农田水利低影响开发设计的前提之一。掌握农业种植区所在区域的气象翔实信息，例如年平均降雨量及蒸发量、月平均降雨量及蒸发量、特定暴雨重现期一天内的最大降雨量等资料，是确定农田水利低影响开发具体技术设施及其布局、规模大小的重要参考。

7.2.3 规划内容及其意义

1) 灌排系统的规划

农业种植区的雨水降落到地面，一部分被农田中土壤入渗补充地下水，一部分被农作物吸收或蒸发进入大气，还有很大一部分在农田土壤表面形成地表径流并沿农田灌排水沟渠流入周边堰塘或河道。另一方面，农作物生长期的引水灌溉也需要通过灌排沟渠来完成。因此，农业种植区灌排系统的规划对农田区域地表径流的排放方式、途径、效率以及引水灌溉的通达性有直接影响。对灌排系统的合理规划，既有利于农田引排水工作的顺利进行，还有利于农业种植区耕地的合理有效利用。

2) 田间小道的规划

农业种植区充满各种尺寸类型的田间小道，主要包括田间小埂和干道。其中，小埂主要是用于明确农田归属使用权而设置的，其上面通常长满各种杂草，属于植被铺盖区域；而干道主要是农田生态系统内外部各生产单位联通的道路，旁边通常是灌排水沟渠系统。田间小道的规划应根据农业种植区主干道路、耕作田块、沟渠布局状况进行，以便于农户进行农耕生产活动。

3) 径流缓冲带的规划

为了预防水土流失和对农业种植过程中化肥、农药污染的有效截留，在污染严重和地势起伏较大的地区需要设置农田与周边河道水系之间的雨水径流缓冲带。该径流缓冲带的位置、尺寸等选择规划应根据所在区域污染状况、水土流失程度、地形、自然植被和气象特征进行综合考虑。

4) 塘堰的规划

塘堰是人工开挖或天然形成的储水洼地，是农田引水灌溉和洪涝排放的直接供受体。同时，塘堰也具备一定的湿地净化功能，对农业种植区生态保护及生态治污有重要作用，既能截留和储存雨水径流用于农业灌溉，还能有效地截留农业种植的化肥、农药污染。由于乡村建设和土地开发导致乡村农业种植用地的紧张，原本农业种植区的许多小型塘堰被人为填塞，这会导致农业种植区域的下垫面状况发生明显变化，暴雨时的大量农田径流得不到缓冲空间，会直接改变区域的水文机制和洪涝运动规律。因此，在农业种植区的低影响开发规划中,应该对塘堰进行合理规划。

7.3 低影响开发下农业种植区设计

7.3.1 设计原则

1) 尊重场地原有水文特征

基于对农业种植区域原有水文特征的调查,确定农业种植区水文脆弱部分,例如,农田灌排水边沟、边沟与河道交界处边坡和排水口。同时,将区域中具有滞留、渗透以及蓄水功能的部分(如周边草地和低洼塘堰等)有机地结合起来。通过对这些水文敏感或关键部分的尊重与保护,可以有效地降低农业种植区的水文环境风险。

2) 雨水径流源头截留

农业种植区的农田水利枢纽的硬质化工程建设,会改变农田灌排水枢纽(沟或渠)原有边坡和底部的下垫面状态,这会导致降雨或灌溉时该枢纽中原有自然水文机制和水流运动规律的改变。硬质化的下垫面有利于实现农田的快速灌溉,但又会使降雨时农田表面径流快速排出,影响排水下游(如河道、塘堰)的水文环境、水文特征以及水土保持。因此,需要对农田灌排水枢纽的开发建设采取相应措施,对农田表面雨水径流进行源头截留控制,最大限度地保持灌排水枢纽开发建设前后水文环境的一致性。

3) 与区域规划相协调

按传统惯例,乡村农户对农田灌排系统位置选择和开挖建设的随意性较大,什么样的路径能够快速灌溉或快速排出就采取什么样的开挖方案,而很多乡村农户的农田相对分散独立,这加剧了农田灌排系统建设布局的混乱无序。本质上说,这些行为忽略了区域间的协调以及与政府管理部门整体建设规划的协调。在低影响开发理念指导下,农业种植区农田灌排系统的设计,应当充分考虑农田灌排系统的现状和所在地区整体土地规划的要求,基于当地的地形、自然植被和水文气象条件,进行合理设计,调整灌排系统原有不合理的部分,确保农田灌排系统设计布局与所在区域相关土地规划之间协调一致,节约农业种植土地资源。

4) 空间整合

低影响开发下的农业种植区建设不能只是传统简单地梳理农田灌排水枢纽,灌排水枢纽中的植被、与河道交接处的绿地边坡及塘堰等空间要素也应被纳入设计建设范围,形成农田灌排水枢纽及其周边空间要素相互协调的组合体。在考虑农田表面雨水径流时,应充分利用周边的空间要素,协调处理雨水径流对农田开发场地水文环境和水土保持的影响。

5) 经济实用

农业种植区的农田灌排系统建设主要经济效益是为了确保农作物生长期灌溉和排出农田内涝,促进农业种植产出,提高农户的经济收入。但同时,传统观念上,一味地进行全硬质化覆盖的灌排水枢纽建设,不仅加重了当地水文危机,而且严重浪费了人力、物力和财力。因此低影响开发下农业种植区灌排系统的设计还应考虑经济实用原则。

7.3.2 设计目标

低影响开发下乡村农业种植区设计建设的总体设计目标,就是实现农田表面雨水径流的滞留、下渗、集蓄利用和径流中化肥、农药污染的过滤、吸附的生态修复,达到农田表面径流排出总量最小化、径流水质最大限度净化、雨水资源利用和水土保持最优化。通过构建农田灌排水生态枢纽与农田周边堰塘贯通体系,确保农业种植用水和排涝的顺畅和农田径流水质提升。

1) 迟滞农田径流排出

通过农田灌排水枢纽的生态化建设和农田与河道交接处植被边坡的合理利用,实现对农田表面径流的滞留、下渗,以改变传统硬质化灌排系统将农田表面径流排入河道、塘堰等受纳水体的路径,迟滞农田径流的排出,确保农业种植区开发建设前后的水文机制的一致性。

2) 截留净化径流污染

由于农作物生长需要,农户需要使用化肥、农药和农膜等农业种植物品,而这些物品中大部分会随灌溉退水、降雨径流排水、下渗水循环进入农田周边水环境中,污染和破坏水生态系统。通过对农田灌排水枢纽的生态化设计和对周边水体堰塘的合理利用,实现对农田表面径流污染的过滤截留和净化处理,从而改善农业种植区土壤和水体环境。

3) 雨洪资源利用

通过低影响开发设计实现农田表面雨水径流在周边堰塘的集蓄,确保农作物生长期灌溉水量的充足可用,实现农田表面雨水径流资源化。

4) 预防水土流失

通过对农田灌排水枢纽的生态化设计,最大限度阻止农田灌溉退水和表面雨水径流对引排水沟渠边坡土壤结构层的冲刷破坏,通过对农田与径流受纳河道、堰塘交接处边坡或排水节点的生态化设计,有效降低农田表面径流的冲刷动能,防止排水出口处土壤流失。

7.3.3 设计途径

将农业种植区农田表面雨水径流总量和化肥、农药残留等污染物作为设计对象,采取低影响开发技术设计途径,对其进行就地滞留、拦截、过滤和集蓄净化,以实现农业种植区低影响开发的设计目标。

1) 源头控制阶段

(1) 水量

气象条件和农田土壤下渗率是决定农田表面径流形成的两大决定性因素。其中,地区气象条件相对固定,无法人为控制;而农田土壤下渗率能随耕作和灌溉方式的变化而改变,可受人为控制。因此,在乡村农业种植区低影响开发过程中,应该从农业种植源头通过深耕深翻和灌溉后的及时规律排水,对农田土壤下渗率进行保护和改善,从而促进降雨在农田表面下渗的速率和下渗量,从农田径流产生源头消减农田径流水量。

(2) 水质

引起农田径流或灌溉退水水质恶化的主要污染物是农业种植施用的化肥、农药残留。基于低影响开发相关理念,应该积极响应和贯彻执行国家高层制定的有关大力发展生态友好型农业的相关政策措施,进行测土配方施肥、农药精准高效施用的科学农业种植活动,从污染源头降低化肥、农药导致的水质恶化风险。

2) 中途转输阶段

农田周边排水沟渠是农业种植区灌排系统的主要中途转输通道,用于农作物生长期灌溉和降雨时农田表面径流排出。

自然条件下，这些排水沟渠的边坡和底部长满绿色植被，其良好的下渗性能不利于农作物生长期灌溉；这导致在传统沟渠改造设计过程中，这些植被覆盖完全被砖混结构替代。然而，砖混结构沟渠中水流流速和流量的增大却会改变降雨时农田表面径流水动力学规律，从而对区域受纳河道水系的水文机制和水土保持造成负面影响。因此，低影响开发下农田表面径流中途转输的设计应该充分保留原有自然排水沟渠的绿色植被覆盖。对于绿色植被生长浓密的排水沟渠可以定期修剪以减小水流阻力；对于绿色植被生长稀疏的排水沟渠可利用半砖混结构覆盖植被生长较差的地方；对于几乎没有绿色植被生长的排水沟渠可采用多孔砖覆盖。在农田与径流受纳的河道或塘堰交接处和排水节点，除了采用上述排水沟渠的低影响设计方式外，还可在水位落差较大的交接处或排水节点采用分散性的阶梯式跌水构造，削弱农田表面雨水径流和灌溉退水排入受纳水体前后的势能差，防止农田边坡土壤的冲刷流失。

3）末端处理阶段

尽管低影响开发设计能从源头对农业种植区化肥、农药进行减量控制，但农田表面雨水径流或灌溉退水中残留的化肥或农药依然存在。因此，低影响开发下农业种植区设计还应该包括对化肥、农药的末端净化处理阶段。化肥对水体的污染主要体现在增加受纳水体氮、磷含量，导致水体富营养化，从而破坏水生生态系统。农药残留对水土的污染主要由持久性有毒有机污染物引起。作为农田灌排系统与外围河道水系连接的重要缓冲支点,塘堰是绿色水生植物的栖息地,能够实现对农田排出径流的污染去除。低影响开发下农业种植区末端净化处理的设计应对塘堰进行湿地化改造,充分利用塘堰植物和微生物对水体中氮磷和有毒有机农药进行净化处理。

7.4 农业种植低影响开发下草本植物性能实例

农业种植区低影响开发主要利用生态排水沟渠、植被缓冲边坡和塘堰湿地化系统进行设计,以降低农田灌排系统建设对农业种植区水文机制和水土保持的负面影响。而上述雨洪控制措施效果均离不开所种植草本植物的合理开发利用。因此,农业种植低影响开发的关键在于掌握草本植物的适应性能(抗旱耐涝能力)和除污能力。基于"长三角快速城镇化地区美丽乡村建设关键技术综合示范"的国家科技支撑计划项目研究成果,本节重点介绍25种自然草本植物性能实例,为乡村农业种植区低影响开发雨洪管理措施设计提供植被选择。

7.4.1 草本植物抗旱能力

基于该项目对25种草本植物抗旱指标的隶属函数值的计算结果(表7-1),它们的抗干旱胁迫能力由强至弱依次为:

佛甲草、金边麦冬、吉祥草、细叶芒、晨光芒、兰花三七、蓝羊茅、花叶芒、狼尾草、紫穗狼尾草、八宝景天、萱草、马蹄金、金叶苔草、斑叶芒、紫娇花、马蔺、葱兰、铜钱草、花叶玉簪、金边吊兰、石菖蒲、黄菖蒲、千屈菜、翠芦莉。平均值越大，则表示其抗旱能力越强。

表 7-1　25 种草本植物抗旱能力综合评定指数与排序

植物名称	土壤含水量	细胞膜透性	游离脯氨酸	丙二醛	平均值	排序
佛甲草	0.951	0.930	0.852	1.000	0.933	1
八宝景天	0.562	0.797	0.143	0.813	0.579	11
千屈菜	0.253	0.000	0.036	0.442	0.183	24
铜钱草	0.731	0.484	0.005	0.000	0.305	19
马蹄金	0.478	0.802	0.506	0.179	0.491	13
翠芦莉	0.011	0.017	0.161	0.371	0.140	25
狼尾草	0.497	0.631	0.644	0.764	0.634	9
紫穗狼尾草	0.596	0.760	0.555	0.526	0.609	10
蓝羊茅	0.757	0.942	0.669	0.422	0.697	7
细叶芒	0.676	0.956	0.880	0.536	0.762	4
晨光芒	0.703	0.847	0.959	0.517	0.757	5
花叶芒	0.684	0.765	0.825	0.500	0.693	8
斑叶芒	0.532	0.691	0.115	0.417	0.439	15
金叶苔草	0.466	0.470	0.160	0.824	0.480	14
石菖蒲	0.000	0.467	0.132	0.508	0.277	22
金边麦冬	0.786	0.913	1.000	0.641	0.835	2

(续表)

植物名称	土壤含水量	细胞膜透性	游离脯氨酸	丙二醛	平均值	排序
兰花三七	0.718	1.000	0.556	0.616	0.722	6
萱草	0.579	0.456	0.213	0.879	0.532	12
花叶玉簪	0.411	0.048	0.070	0.678	0.302	20
吉祥草	1.000	0.714	0.619	0.727	0.765	3
金边吊兰	0.170	0.280	0.047	0.697	0.299	21
葱兰	0.245	0.452	0.025	0.733	0.364	18
紫娇花	0.587	0.376	0.000	0.745	0.427	16
黄菖蒲	0.119	0.469	0.151	0.089	0.207	23
马蔺	0.545	0.356	0.018	0.614	0.383	17

根据 25 种草本植物在干旱胁迫过程中土壤含水量、叶片细胞膜透性及叶片中游离脯氨酸、丙二醛含量的变化的趋势对 25 种草本植物抗旱能力进行聚类分析(图 7-1)，25 种草本植物抗旱能力可被分成两类：较强型和较弱型。晨光芒、金边麦冬、细叶芒、花叶芒、紫穗狼尾草、兰花三七、蓝羊茅、佛甲草、吉祥草 9 种植物形成了较为紧密的一个聚类簇，此类植物隶属函数值均排名前列，故此类植物应为抗旱能力较强型；而马蹄金、斑叶芒、黄菖蒲、铜钱草、紫娇花、马蔺、萱草、金叶苔草、八宝景天、狼尾草、千屈菜、翠芦莉、花叶玉簪、金边吊兰、葱兰、石菖蒲形成了较为紧密的抗旱能力相对较弱的一类。

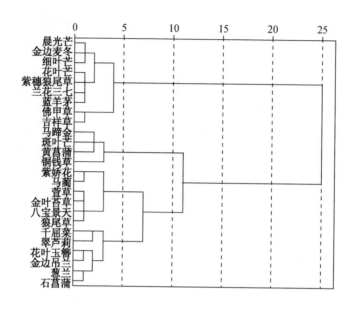

图 7-1　25 种草本植物抗旱能力聚类分析树状图

7.4.2　草本植物耐涝能力

基于该项目对 25 种草本植物耐涝性指标的隶属函数值的计算结果（表 7-2），它们的耐涝能力由强至弱依次为：铜钱草、千屈菜、吉祥草、翠芦莉、斑叶芒、细叶芒、晨光芒、石菖蒲、金边麦冬、花叶芒、狼尾草、黄菖蒲、紫娇花、佛甲草、兰花三七、八宝景天、葱兰、花叶玉簪、紫穗狼尾草、萱草、金叶苔草、金边吊兰、马蔺、马蹄金、蓝羊茅，且均值越大表示耐涝能力越强。

表 7-2　25 种草本植物耐涝能力综合评定指数与排序

植物名称	细胞膜透性	游离脯氨酸	丙二醛	平均值	排序
佛甲草	0.577	0.171	1.000	0.583	14
八宝景天	0.816	0.038	0.817	0.557	16
千屈菜	0.964	0.642	0.849	0.818	2
铜钱草	0.936	0.896	0.683	0.838	1
马蹄金	1.000	0.162	0.000	0.387	24
翠芦莉	0.560	0.890	0.932	0.794	4
狼尾草	0.534	0.466	0.848	0.616	11
紫穗狼尾草	0.305	0.684	0.630	0.540	19
蓝羊茅	0.320	0.253	0.507	0.360	25
细叶芒	0.851	0.714	0.562	0.709	6
晨光芒	0.692	0.900	0.512	0.701	7
花叶芒	0.598	0.704	0.640	0.647	10
斑叶芒	0.932	0.866	0.448	0.749	5
金叶苔草	0.386	0.147	0.852	0.462	21
石菖蒲	0.592	1.000	0.465	0.686	8
金边麦冬	0.584	0.893	0.572	0.683	9
兰花三七	0.855	0.503	0.322	0.560	15
萱草	0.326	0.214	0.980	0.507	20
花叶玉簪	0.574	0.119	0.936	0.543	18
吉祥草	0.873	0.696	0.840	0.803	3
金边吊兰	0.853	0.026	0.503	0.461	22
葱兰	0.720	0.038	0.884	0.547	17

(续表)

植物名称	细胞膜透性	游离脯氨酸	丙二醛	平均值	排序
紫娇花	0.916	0.077	0.827	0.607	13
黄菖蒲	0.540	0.723	0.566	0.610	12
马蔺	0.629	0.000	0.716	0.448	23

根据25种草本植物在水涝胁迫下植物叶片细胞膜透性、叶片中游离脯氨酸含量变化、叶片中丙二醛的变化趋势进行聚类分析(图7-2),25种草本植物形成了相对较为紧密的两个聚类簇,其中的细叶芒、斑叶芒、晨光芒、千屈菜、吉祥草、翠芦莉、兰花三七、花叶芒、石菖蒲、铜钱草、马蹄金的隶属函数值相对较大,即可将此类植物定性为耐涝能力较强的植物;葱兰、紫娇花、金边吊兰、马蔺、紫穗狼尾草、黄菖蒲、金边麦冬、

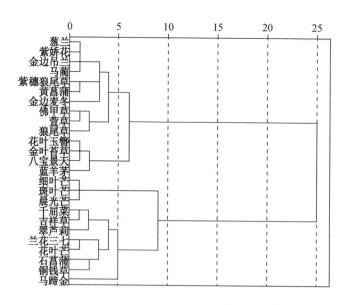

图7-2 25种草本植物耐涝能力聚类分析树状图

佛甲草、萱草、狼尾草、花叶玉簪、金叶苔草、八宝景天、蓝羊茅则形成了耐涝能力相对较弱的一类。

7.4.3 草本植物径流污染物削减能力

基于25种草本植物对重度、中度、轻度三个浓度的TP、TN、CODCr的去除能力隶属函数值的平均值结果(表7-3)，25种草本植物的去污能力由强至弱依次为：花叶玉簪、千屈菜、佛甲草、吉祥草、金边麦冬、兰花三七、铜钱草、萱草、斑叶芒、蓝羊茅、晨光芒、金叶苔草、翠芦莉、狼尾草、细叶芒、紫穗狼尾草、花叶芒、马蔺、八宝景天、金边吊兰、紫娇花、马蹄金、石菖蒲、葱兰、黄菖蒲，且均值越大则表示其对污染物的去除能力就越强。

根据25种草本植物对重度、中度、轻度三个浓度的TP、TN、CODCr污染径流的削减能力的聚类分析(图7-3)，佛甲草、花叶玉簪、金边麦冬、兰花三七、吉祥草、铜钱草、萱草、千屈菜、紫穗狼尾草、蓝羊茅、细叶芒、晨光芒、狼尾草、斑叶芒14种植物形成了相对较为紧密的一个聚类簇，对三个浓度污染物的综合削减能力较强；而马蹄金、紫娇花、八宝景天、金叶苔草、花叶芒、石菖蒲、黄菖蒲、葱兰、金边吊兰、马蔺、翠芦莉对三个浓度污染径流的综合削减能力相对较弱。

表 7-3　25 种草本植物去污能力综合评定指数与排序

植物名称	TP-H	TP-M	TP-L	TN-H	TN-M	TN-L	COD-H	COD-M	COD-L	平均值	排序
佛甲草	0.894	1.000	0.959	0.774	0.798	0.733	0.879	0.712	0.935	0.854	3
八宝景天	0.555	0.633	0.454	0.555	0.466	0.000	0.645	0.480	0.232	0.447	19
千屈菜	0.908	0.516	0.949	0.858	0.915	0.811	0.908	0.903	0.992	0.862	2
铜钱草	0.837	0.923	0.769	0.000	0.605	0.642	0.880	0.746	0.835	0.693	7
马蹄金	0.537	0.117	0.285	0.346	0.627	0.279	0.399	0.406	0.460	0.384	22
翠芦莉	0.772	0.385	0.423	0.997	0.437	1.000	0.313	0.537	0.129	0.555	13
狼尾草	0.789	0.000	0.783	0.390	0.451	0.665	0.698	0.596	0.566	0.549	14
紫穗狼尾草	0.641	0.586	0.567	0.457	0.009	0.504	0.690	0.665	0.512	0.514	16
蓝羊茅	0.693	0.690	0.600	0.654	0.416	0.572	0.821	0.784	0.384	0.624	10
细叶芒	0.571	0.481	0.529	0.369	0.218	0.738	0.655	0.474	0.722	0.529	15
晨光芒	0.781	0.414	0.966	0.632	0.350	0.758	0.542	0.491	0.602	0.615	11
花叶芒	0.536	0.378	0.621	0.300	0.660	0.074	0.635	0.707	0.541	0.495	17
斑叶芒	0.809	0.408	0.581	0.472	0.680	0.672	0.829	0.539	0.674	0.629	9
金叶苔草	0.709	0.732	0.816	0.712	0.696	0.047	0.737	0.458	0.466	0.597	12
石菖蒲	0.000	0.363	0.883	0.295	0.627	0.119	0.425	0.165	0.236	0.346	23
金边麦冬	0.735	0.797	1.000	0.939	1.000	0.912	0.553	0.734	0.790	0.829	5
兰花三七	0.702	0.897	0.888	0.867	0.821	0.942	0.631	0.579	0.354	0.742	6
萱草	0.678	0.233	0.450	1.000	0.691	0.968	0.794	0.655	0.730	0.689	8
花叶玉簪	0.997	0.950	0.978	0.859	0.760	0.878	0.922	0.949	0.895	0.910	1
吉祥草	1.000	0.976	0.795	0.307	0.711	0.691	1.000	1.000	1.000	0.831	4
金边吊兰	0.198	0.223	0.297	0.856	0.602	0.974	0.000	0.155	0.194	0.389	20

(续表)

植物名称	TP-H	TP-M	TP-L	TN-H	TN-M	TN-L	COD-H	COD-M	COD-L	平均值	排序
葱兰	0.517	0.508	0.336	0.384	0.288	0.344	0.229	0.430	0.000	0.337	24
紫娇花	0.604	0.239	0.470	0.425	0.689	0.066	0.274	0.394	0.328	0.388	21
黄菖蒲	0.478	0.162	0.000	0.440	0.000	0.635	0.348	0.330	0.205	0.289	25
马蔺	0.760	0.521	0.521	0.762	0.737	0.662	0.040	0.000	0.340	0.482	18

注：H 为重度，M 为中度，L 为轻度。

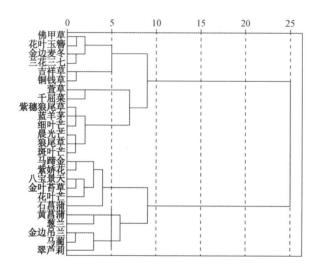

图 7-3　25 种草本植物对污染物削减能力聚类分析图

第8章 设施大棚种植低影响开发技术

8.1 设施大棚种植概况

8.1.1 发展现状

在我国,设施大棚种植的历史可追溯到二十世纪四十年代,当时的人们采用一些简易设施,如风障和简易覆盖等,进行农业种植。新中国成立以后,近地覆盖和温床覆盖等技术得到大量的推广应用,但是由于当时我国的科技水平落后,所采用的上述技术工艺粗糙,且应用规模不大。直到七八十年代,随着塑料薄膜生产技术的革新和产量的提高,设施栽培技术迅速推广发展,设施大棚覆盖才得以在农业种植业中正式大规模应用。

改革开放以来,随着我国国民经济的发展,居民收入水平的提高,蔬菜瓜果的需求量越来越大。特别是在"十二五"期间,我国大部分省份的设施大棚种植面积在地区总种植面积的比例进一步增加,尤其是设施蔬菜大棚极大地丰富了"菜篮子",同时也大幅增加了乡村居民收入。在解决"三农"问题和建设社会主义新农村过程中,我国的设施大棚种植业逐渐由分散型向集中规模化转变。

但目前,在乡村地区仍以分散的设施大棚种植为主。由于乡村地区设施大棚建设缺乏科学规划,乡村居民在建设设施大棚时,通常选择自家农田作为建设场地,随意改变用地性质,在场地选择时很少考虑土壤、水利以及周边环境。这种粗放的乡村设施大棚建设,往往出现投资大、效益低的情况,时时有污染周边环境的情况发生。

8.1.2 设施大棚种植的废物污染

目前,乡村的设施大棚主要用于蔬菜种植。近年来,乡村设施大棚在促农增收中发挥了重要作用,但由于产量和市场销量等方面的原因,乡村设施大棚废物(如尾菜等)污染问题时常发生,甚至有时还非常严重,如,花椰菜、甘蓝、娃娃菜、大白菜等蔬菜的废弃根、茎、叶,经常被发现大量堆积在田埂、沟渠、道路表面。这些蔬菜废物中含有大量的农药残留、氮磷营养物和有机物等污染物,一方面极易随着蔬菜腐烂废液就地渗入土壤,另一方面,在降雨时会随着雨水径流流入周边河道,对乡村河道水系产生污染。

8.1.3　设施大棚种植对乡村水文的影响

随着乡村设施大棚种植的发展,设施大棚种植面积在不断扩大,这导致乡村地区下垫面类型发生改变,不透水表面积增加。尤其是,设施大棚种植场地周边,雨季时降落到大棚表面的雨水,不能进行就地下渗,改变了设施大棚原有场地周边地表雨水径流运动特征,包括流速和流量等,增加了周边环境的雨洪风险、土壤流失概率以及河道水系的行洪压力。此外,乡村设施大棚种植废物中含有的污染物,在降雨径流的淋洗和冲刷作用下,随水流流入周边河道水系或入渗到农田土壤中,在水文循环机制的作用下,通过地下水与地表水之间的水循环遍布到整个乡村区域水体系统中,能对整个乡村区域水生生态系统的安全构成威胁。因此,乡村地区设施大棚种植的发展应该以低影响开发理念为指导,做好场地规划和设计,通过设置相关低影响开发措施,有效降低设施大棚种植活动对其周边水文机制和水文环境的负面影响,预防水土流失和雨洪风险。

8.2 低影响开发下设施大棚种植场地规划

8.2.1 规划原则

1) 生态性

设施大棚种植场地一般位于农田区域,其场地周边通常需要配置必要的排水系统,而农田周边的自然植被覆盖通常比较发达。因此,场地的建设规划应尽量考虑其周边的自然植被,确保开发建设时干预最小化,减小对设施大棚种植场地周边生态的破坏,为配套排水系统的生态化建设保留充足的自然植被。

2) 综合性

充足的水资源是设施大棚种植活动顺利进行的保证。为此,良好的水利条件对种植场地非常重要。场地的地势高低对设施大棚种植活动也有非常大的影响,低洼区域容易积水,不利于雨季场地表面径流的外排,进而易于导致种植蔬菜等产品被淹没破坏。土壤条件不仅影响到种植蔬菜等产品的生长和产量,而且还影响水利输送和雨水径流下渗的便捷性。因此,场地的建设规划还应综合考虑水利、地势和土壤条件,确保设施大棚种植效益最大化及其对场地周边水文环境影响的最小化。

3）延续性

设施大棚种植低影响开发既应考虑当地所属流域水系、水质特点，还应考虑区域土地利用规划，确保设施大棚种植产业的延续性。

8.2.2 规划基础调查

与农业种植区的调查对象相同，设施大棚种植场地规划前的基础调查对象也包括地形、自然植被和水文特征等，通过现场勘察对设施大棚种植场地进行规划选择。

1）地形地势

设施大棚种植场地通常建设在乡村农田基础上，而地形影响了乡村农田设计的走向、高程和形状，因此，地形地势对设施大棚种植场地的布局和设计具有重要影响，是进行场地规划的主要参考因素之一。

2）自然植被

自然植被是乡村生态系统中相对复杂的构成元素之一，在水土流失预防和生态净化景观构建方面有积极的作用，因此，对设施大棚种植场地规划前应该调查场地周边的自然植被。

3) 水文特征

设施大棚种植场地的水文过程主要包括降落到大棚表面的雨水在周边地表形成径流的过程,以及流入受纳河道的过程。雨水降落到设施大棚表面后,会立即在大棚表面形成径流并往四周地表汇集,在汇集的过程中首先向地表土壤中下渗,当下渗量达到饱和状态后,便在地表形成径流,随后通过场地周边的排水系统流入周边河道。这些水文过程中的流速和流量等径流水文特征对场地排水系统规划和设计具有决定性影响。而场地排水系统既关系到场地雨洪风险,又关系到受纳河道的行洪排涝压力。因此,在设施大棚建设前需要对场地水文特征进行勘察,为场地排水系统的规划和设计提供基础资料,以尽量保持场地周边原有水文机制和水文环境。

8.2.3 规划内容及其意义

1) 排水系统的规划

由于设施大棚表面完全不具备透水性,雨水降落到其表面后会迅速流向周边地表,从而增加周边地表的雨洪风险。为此,通常需要在设施大棚周边布设排水系统。而排水系统的规划对由设施大棚引起的周边地表径流的排放方式、途径、效率有直接影响。对排水系统的合理规划,既有利于预防场地周边的雨洪风险,还有利于减轻受纳河道的行洪压力。

2) 径流缓冲带的规划

为了预防水土流失,同时为了对雨水径流中携带的农药、氮磷营养盐和有机物等进行截流,需要在排水系统与周边受纳河道之间设置雨水径流缓冲带。该径流缓冲带的位置、尺寸等选择规划应根据设施大棚废物污染状况、水土流失程度、地形地势和自然植被进行综合考虑。

3) 蓄水设施的规划

设施大棚种植活动一般需要消耗大量的水,以进行种植蔬菜等作物的浇灌,保持作物的正常生长。在我国水污染日趋严重、水资源日益紧张的前提下,乡村地区大量的农业用水必然与居民生活用水形成冲突,使得水资源利用的矛盾日益突出,特别是在少水、缺水地区,这种矛盾趋向于尖锐化。为此,设施大棚种植场地的规划内容应该包含场地蓄水设施的规划。蓄水设施通常可由人工开挖或天然形成的低洼绿地、塘堰组成,既可以接纳设施大棚种植场地流入的雨水径流,减缓乡村河道水系的行洪压力,又可以集蓄净化雨水资源,为设施大棚种植提供浇灌用水。

8.3 低影响开发下设施大棚种植场地设计

8.3.1 设计原则

1) 尊重场地原有水文特征

基于对设施大棚种植场地原有水文特征的调查,确定场地周边水文脆弱部分,例如排水边沟、边沟与河道交界处边坡或排水口。同时,将区域中具有滞留、渗透以及蓄水功能的部分(如低洼绿地和塘堰等)有序组合。通过对这些水文敏感或关键部分的尊重和保护,达到降低场地及其周边雨洪风险和河道行洪压力的目的。

2) 就地截留雨水径流

设施大棚建造改变了原有场地的下垫面状态,导致原有场地周边排水系统(沟或渠)的水流运动规律改变、雨洪风险加剧,还会引起受纳河道原有自然水文机制的变化。另外,设施大棚种植活动会使得场地径流中污染物含量增加,对受纳河道水文环境产生负面影响。因此,一方面需要对场地排水系统的开发建设采取相应工程性措施,对场地表面雨水径流进行就地截留控制;另一方面需要对设施大棚种植过程中的废物进行非工程性的科学管理,从而最大限度地保持设施大棚种植场地开发建设前后水文机制和水文环境的一致性。

3) 与场地排水系统现状相适应

乡村设施大棚种植场地通常建立在农业种植场地上,其周边用地类型以农田为主。在大部分乡村地区,设施大棚种植场地选择随意性大,其排水系统建设往往没有事先规划,直接与农业种植场地的排水系统相连接,这无疑会增加农业种植场地排水系统的行洪压力,甚至排水不畅,易于引起雨水径流在农业种植场地的倒灌,增加农业种植场地雨洪灾害风险。在低影响开发理念指导下,设施大棚种植场地的设计,应当充分考虑农田排水系统的现状,基于当地的地形、自然植被和水文特征,进行合理设计,对原有排水系统进行必要调整,最大限度地避免设施大棚种植场地建造对场地原有排水条件的干扰。

4) 空间整合

低影响开发下的设施大棚种植场地建设不仅要调整场地原有农田排水系统,排水系统中的植被、与河道交接处的绿地边坡及低洼绿地或塘堰等空间要素也应被纳入设计建设范围,对场地排水系统与周边空间要素进行整合,协调控制设施大棚种植场地雨水径流对场地周边水文环境和水土保持的负面影响。

8.3.2 设计目标

低影响开发下乡村设施大棚种植场地设计的总体目标,就是实现设施大棚表面雨水径流的滞留、下渗、集蓄利用和对径流中农药、氮磷营养盐、有机物等进行过滤、吸附等生态修复,达到设施大棚表面径流排出总量最小化、径流水质最大限度净化、雨水资源利用和水土保持最大化。

8.3.3 设计途径

将设施大棚种植场地表面雨水径流总量和径流中的农药残留、氮磷营养盐和有机物等污染物作为设计对象,采取低影响开发技术设计途径,对其进行就地滞留、拦截、过滤和集蓄净化,以实现设施大棚种植场地低影响开发的设计目标。

1) 源头控制阶段

由于设施大棚表面完全硬质化,雨水径流水量的源头控制基本没有可行性。而设施大棚种植活动产生的尾菜等废物在边沟、河道边坡或低洼绿地处的任意堆放处置,使得大棚表面的雨水径流汇集后能淋溶携带废物中的农药、氮磷营养盐和有机物等,从而破坏受纳河道水文环境。基于低影响开发相关理念,应对设施大棚种植废物及时采取非工程性的科学管理和处置,从污染源头降低农药、氮磷营养盐和有机物导致的周边河道水质恶化风险。

2) 中途转输阶段

排水沟渠是设施大棚种植场地雨水径流的主要中途转输通道，包括紧邻单个大棚四周的排水支沟渠和承担整个大棚种植场地雨水径流汇流的排水主干沟渠。由于设施大棚建造活动等破坏，自然条件下，原有排水支沟渠中一般无自然植被覆盖，暴雨时，其边坡和底部土壤易于受到大棚表面汇集的雨水径流的冲刷和侵蚀，导致土壤随水流流失，也不利于径流中污染物的过滤拦截。而原有排水主干沟渠往往就是设施大棚周边用于农田种植的原有排水沟渠。由于设施大棚的设置，这些用于农田种植的原有排水沟渠，都需要进行必要的工程性改造。

在低影响开发下设施大棚表面径流中途转输的设计应采取非工程性措施，在大棚四周的原有排水支沟渠内栽种当地生草本植物，以保护支沟渠土壤层结构，并充分利用雨水径流在支沟渠中的转输过程，通过草本植物的过滤、吸附作用截留径流中的农药等可能污染物。设施大棚建造后，其周边原有排水主沟渠的工程性改造应尽量减少对排水主沟渠中原有自然植被的破坏，并应保持主沟渠中的不透水面积最小化。同时，在主沟渠与径流受纳河道的交接处，可采用阶梯式跌水构造或设置径流缓冲带，削弱雨水径流排入受纳河道时对其边坡土壤的冲刷侵蚀，预防土壤流失。

3) 末端处理阶段

设施大棚表面径流的集蓄可以为设施大棚种植活动提供用水水源。对设施大棚种植活动产生的废物从源头进行非工程性科学管理处置和对排水沟渠的改造建设后,场地雨水径流中农药等污染物和径流水量得到减量控制,但仍有可能还存在相当含量的污染物。为保证设施大棚种植活动的用水水质,仍需要对集蓄的雨水径流进行净化处理。在低影响开发理念指导下,设施大棚种植场地雨水径流的末端净化处理,应充分利用场地周边的低洼绿地或塘堰,集蓄场地径流雨水,通过绿色水生植物的吸收和微生物的降解作用,实现对场地排出径流中农药、氮磷营养盐等污染物的去除,集蓄雨水资源,同时,减轻受纳河道的行洪压力,保护河道水文机制和水文环境。

第9章 散养家禽养殖低影响开发技术

9.1 乡村散养家禽养殖概况

改革开放后,随着我国经济的快速发展,城乡居民生活水平普遍提高,导致对肉、奶、蛋的需求量日益增大。我国畜禽养殖业的生产方式已经发生根本转变,从最初分散的个体养殖向规模化的集中养殖发展,在许多大城市的郊区,规模化养殖场如雨后春笋般涌现。经过三十多年的发展,这些养殖场的规模越来越大,并与种植业日益脱节。然而,由于散养家禽的产品品质一直被公认为比规模化养殖的高,仍有很大的需求量,在我国广大乡村地区,分散型家禽养殖依旧占据较大比例。这些分散型家禽养殖具有规模小、投资少、易于管理、投资风险低等特点,但管理粗放,清洁生产水平很低,造成的环境污染不容小觑。

9.1.1 乡村散养家禽养殖污染

1) 种类

与规模化畜禽养殖相比,天然谷物、蔬菜及杂草等是散养家禽养殖过程中主要的养殖饲料。这样的养殖饲料喂养过程,使得家禽粪便中的污染种类相对简单,主要包括氮磷营养盐、有机物和病原体(如病原细菌和寄生虫卵)等,但污染负荷很高。另外,畜禽粪便是国际公认的乡村面源污染主要来源之一。有关研究表明,太湖外部污染总量中,农业面源污染占有很大比例,其中散养家禽污染贡献明显。

2) 环境危害

乡村散养家禽养殖污染具有分布广泛、难以监控的特点。在我国,乡村居民环境保护意识普遍淡薄,地方政府部门对散养家禽的管理仍存在很大漏洞,对家禽粪便污染的处置管理一直没有重视。目前乡村散养家禽普遍采用粗放养殖的方式,广泛分布在村旁水塘或河流附近,普遍缺少家禽粪便处理设施,家禽粪便随意堆放丢弃。在降雨来临时,经过雨水径流的淋溶、冲刷后,这些家禽粪便极易流入附近河道水体或下渗到地下土壤,其携带的污染物质会对乡村水体、土壤生态系统造成严重破坏。同时,通过水体、土壤环境传播,最终家禽粪便中的病原微生物及寄生虫卵很可能会危及乡村居民健康。

(1) 对土壤的影响

未经处理的家禽粪便,如果直接被用于农业种植和蔬菜地施肥,其有机物中的蛋白质能被农田土壤中的微生物分解,从而增加土壤硝酸盐和亚硝酸盐含量,一旦土壤硝酸盐和亚硝酸盐含量过高,就会导致农作物或蔬菜的徒长、倒伏并易遭受病虫害侵扰。家禽粪便含有的大量病原体(如病原细菌、寄生虫卵等),进入农田土壤后能通过植物蒸腾作用,被农作物或蔬菜吸收,还能通过土壤渗透进入地下。通过这些方式,家禽粪便中的病原体能在生物体内得以传播蔓延,破坏农作物或蔬菜的品质和土壤环境系统。

(2) 对水体环境的危害

携带家禽粪便的降雨径流污染,通常含有大量的氮磷营养盐、固体悬浮颗粒物、病原体和有机物等污染物,进入受纳河道水体后,高浓度的氮磷营养盐会使得水体中水生植物迅速繁殖,并消耗大量的水体溶解氧,导致水体富营养化,大量水生植物死亡,有机物浓度增加,水体变色,气味腥臭,水生生态系统遭到破坏,同时植物代谢转化的亚硝酸盐、硝酸盐含量明显增加,对动物和人体的健康风险加大。固体悬浮颗粒物进入河道水体后经过长时间的沉积作用,增加了河道底部淤积。病原体进入水体后能在水生生物体内进行累积或传播,另一方面,通过水体下渗循环,进入地下水环境,会进一步破坏地下水环境,而地下水环境系统自净能力相对脆弱,一旦遭到污染,将很难得到治理恢复。特别在很多以地下水为饮用水源的地区,散养家禽排泄物的潜在危害更加值得关注。

9.1.2 乡村散养家禽养殖现状与问题

1) 养殖现状

乡村散养家禽养殖属于乡村居民个体行为,没有固定的养殖场地。在居民自家院落住宅范围内通常会设置有分散的圈或舍,且这些圈或舍一般建造比较简易,造价低,防风避雨性能较差。

2) 存在问题

(1) 散养家禽养殖通常采用放养的方式,家禽白天在户外活动,随意性大,排泄的粪便不便于集中收集管理,晚上回到各自农户家的圈、舍之中,且圈、舍布置的位置一般比较随意,往往忽略周围的环境状况,很少考虑周围乡村水系、土壤环境安全甚至居民健康。

(2) 与规模化养殖相比,散养家禽养殖圈或舍的基础设施不完善,往往将生产、生活和管理区域合为一体,人畜同院的现象到处可见,不利于禽类防疫。

(3) 有的散养家禽圈或舍内地面防水性能较差,一方面,会引起圈舍长年累月的潮湿,降低养殖生产质量,另一方面,雨季降雨过程中圈舍内易于受到雨水侵入,家禽排泄的粪便易于随雨水径流下渗到地下土壤中,通过土壤水循环,进而对周边环境产生危害。

9.1.3 散养家禽养殖对乡村水文的影响

乡村散养家禽养殖过程中产生的家禽排泄粪便,在降雨径流的冲刷、携带、转输作用下,能引起乡村河道水系、农田土壤的环境风险。在水文循环机制的作用下,散养家禽养殖产生的污染物能影响整个乡村区域的水生生态系统安全。具体而言,被雨水径流运送的家禽粪便中含有的大量氮磷营养盐、有机物和病原体等污染物,随雨水径流入渗农田土壤而进入地下水体中,或排入河流、塘堰等地表水体中;然后,通过地下水与地表水之间的水循环遍布到整个乡村区域水体系统中,引起水环境危害。因此,乡村地区散养家禽养殖的发展应该以低影响开发理念为指导,限制家禽的活动范围,进行有条件的放养,在做好场地规划和设计的前提下,通过相关低影响开发措施,克服传统散养家禽养殖一直以来对乡村地区水文功能的负面影响。

9.2 低影响开发下乡村散养家禽养殖场地规划

9.2.1 场地选择

低影响开发下的乡村散养家禽养殖场地选择,应坚持以下两个原则:

（1）尽量选择草本植被覆盖较密的地方。一方面，将散养家禽限制在草本植被覆盖较密的地方，可以给家禽提供较为真实的放养环境，另一方面，也可以为散养家禽自我补食提供充足的天然饲料。

（2）尽量选择地势平坦、偏高的地方。将散养家禽限制在地势平坦的地方有利于家禽的正常活动，同时避免降雨时场地内雨水径流的排放速率过大，引起场地表面土壤的冲刷侵蚀；选择地势偏高的地方，保证降雨时场地内雨水径流及时排出，不会积水，也使降雨过后场地易于快速干燥，便于家禽养殖活动正常开展。

9.2.2 场地建设规划

1) 排水系统

散养家禽养殖场地的排水系统主要是为应对降雨时场地雨水径流的排放，因此，该排水系统的规划对养殖场地雨洪排放方式、途径和效率意义很大。对养殖场地排水系统的合理规划，既有利于避免场地雨水径流肆意流淌，又有利于后续对径流中携带的场地粪便污染的有效控制。

2) 径流收集处理设施

散养家禽养殖场地排泄物中的污染物以氮磷营养盐、有机物和病原体为主，其对周边环境的污染危害取决于降雨径流的强度和水量,低影响开发下散养家禽养殖场地径流污染收集处理设施多以生物滞留池或人工湿地为主,需要占用一定的空间,因此,这些径流收集处理设施的规划应该充分考虑养殖场地周边的用地类型、植被状态。

9.3　低影响开发下乡村散养家禽养殖场地设计

9.3.1　设计原则

1) 保护场地原有水文特征

散养家禽养殖场地包括养殖圈、舍和家禽活动场所,其中养殖圈、舍的设置会使该部分场地的原有下垫面类型发生变化,对场地原有水文特征产生负面影响,因此,低影响开发下乡村散养家禽养殖场地的设计应尽量限制养殖圈、舍的屋面面积大小,降低不透水面积,实现对场地原有水文特征的保护,以有效预防散养家禽场地及其周边的水文环境风险。

2) 源头截留

散养家禽活动场所中家禽排泄的粪便在降雨径流的冲刷携带下会改变场地原有径流的出水水质,从而影响场地周边的水文环境。因此,在低影响开发理念指导下,乡村散养家禽养殖场地的设计还应将区域中具有滞留、渗透以及蓄水功能的部分(如自然植被、散养家禽场周边低洼绿地等)纳入设计范围,从源头实现对养殖场地径流污染的截留、过滤及净化。

3) 小规模、分散性

乡村散养家禽养殖活动属于乡村居民个体行为,养殖场地相对分散,且规模往往较小,大规模工程性措施并不适用。因此,低影响开发下乡村散养家禽养殖场地径流控制措施的设计应坚持小规模、分散性的原则,根据单个养殖场地的规模和大小,设计相应控制措施的方式和规模。

9.3.2 设计目标

低影响开发下乡村散养家禽养殖场地总体设计目标,就是通过场地周边自然植被、低洼绿地等构建小规模、分散性的雨水径流收集处理设施,对养殖场地内雨水径流污染物进行截留、过滤和净化处理,实现养殖场地表面雨水径流中污染物去除最大化,确保散养家禽养殖场区周边水文环境的安全。

9.3.3 设计途径

将散养家禽养殖场区中氮磷营养盐、有机物及病原体等污染物作为设计对象,采用相应的低影响开发技术设计途径,对其进行分散收集、就地截留、过滤和集蓄净化,以实现散养家禽养殖场区低影响开发的设计目标。

通过生态工程性措施设计在散养家禽场地四周边缘建造渗透性的植被沟渠,改变传统场地径流肆意排放的状态,在运送过程中对雨水径流污染物进行截留、过滤处理。在经过植被沟渠的运送转输后,场地雨水径流需汇集到小型化的生态集蓄净化处理设施中,如人工湿地、生物滞留池等,充分利用生态系统中的植物和微生物对雨水径流中残留的氮磷营养盐、有机物和病原体进行净化处理,最终为乡村河道水系生态安全和水文机制的保持提供工程性屏障。

9.4 乡村散养家禽养殖场地径流污染控制实例

生物滞留系统是低影响开发的重要技术措施之一,因具有结构简单、处理有效、便于分散布置等特点,能够被用于控制乡村散养家禽养殖场地径流污染。近年来,大多数研究通常集中在生物滞留系统的植物类型、填料筛选和结构布局等方面,对生物滞留系统在乡村散养家禽养殖场地径流污染处理中实际应用的报道较少。因此,本节重点介绍生物滞留系统在实际散养家禽养殖场地径流污染处理过程中的运行效果及其抗暴雨冲击性能。

1) 实际场地设置参数

散养家禽养殖场地径流收集处理实际场地位于江苏南京江宁区湖山路777号一处空旷平坦绿地上,包括散养鸡场、鸡棚(舍)、径流收集槽、生物滞留系统和采样井,可对收集到的径流进行监测分析。生物滞留系统位于径流收集槽的末端,其表面略低于径流槽底部,滞留池水平截面尺寸为 $0.8 \text{ m} \times 0.6 \text{ m}$,填料层深 0.9 m,填料铺设及配比与试验室填料柱的情况相同,采用砖砌结构筑成,承接径流槽来水,污水由上至下经填料净化后,通过底部的穿孔排水管排入采样井中,具体设计如图9-1和图9-2所示。

在图9-1中,径流收集槽建于鸡舍地势较低的一边,由PVC材料制成,铺装时上部与地面平齐,底部设有一定坡度,在降雨时可将顺坡流下的鸡场产生的径流收集到槽内,并顺着底部的斜坡汇集于一端的生物滞留系统内。在生物滞留系统和径流收集槽间可加装滤网以截留径流中携带的树叶、杂草等较大的杂物。

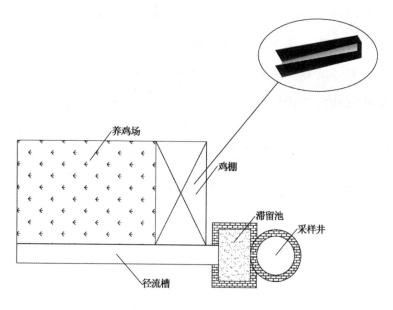

(a) 装置的平面设计图

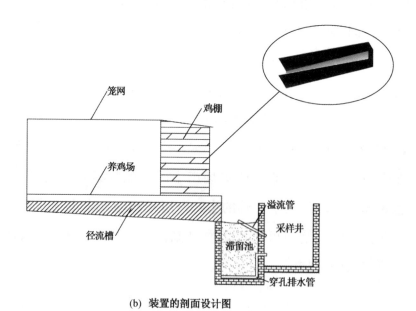

(b) 装置的剖面设计图

图 9-1　散养家禽养殖场地径流收集处理现场设计

图 9-2 散养家禽养殖场地径流收集处理现场实例

2) 生物滞留系统运行效果

实际操作中,共监测到 14 场降雨雨水径流在生物滞留系统中的进出水水质情况,对 COD_{Mn} 等 5 种径流污染物去除进行分析,结果如图 9-3 所示:

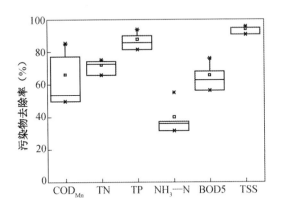

图 9-3 实际运行中各污染物去除效果

由图 9-3 可知,生物滞留系统对 COD_{Mn} 的场次平均去除率为 49.5%~85.0%,变动范围较大,出水 COD_{Mn} 浓度<10 mg/L,达到了Ⅳ类地表水标准;对 TN 的场次平均去除率较为稳定,在 66%~75% 间浮动,出水 TN 场次平均浓度为 4.3~7.8 mg/L,远高于Ⅴ类地表水标准;对 TP 的场次平均去除率维持在 81.5%~93.7% 的较高水平,出水 TP 浓度为 0.13~0.3 mg/L,可达到Ⅲ-Ⅳ类地表水标准;对 NH_3-N 的场次平均去除率波动较小,范围在 31.5%~55.3% 之间,出水 NH_3-N 场次平均浓度为 1.3~4.4 mg/L,多数仍高于Ⅴ类地表水标准;滞留池对总悬浮固体颗粒物(TSS)的去除率一直保持在 90% 以上,出水 TSS 浓度<15 mg/L,可达到《城镇污水厂污染物排放标准》中的一级 B 标准。这些实际的运行结果表明生物滞留系统能够较好地净化散养家禽养殖场地径流污染。

3) 抗暴雨冲击性能

在四场平均强度不同的暴雨事件中,生物滞留系统对 COP_{Mn}、TP、TSS、TN、NH_3-N 的去除效果见图 9-4 至图 9-8 所示。

这四场暴雨事件中养殖场地雨水径流 COD_{Mn} 浓度变化范围较大(图 9-4),场次平均浓度最低为 13.9 mg/L,最高可达 31.4 mg/L。径流中 COD_{Mn} 浓度越高,对应的 COD_{Mn} 去除率也越大。在单场降雨事件中,进水 COD_{Mn} 浓度随降雨历时逐渐降低,COD_{Mn} 去除率也呈下降趋势,COD_{Mn} 出水浓度变

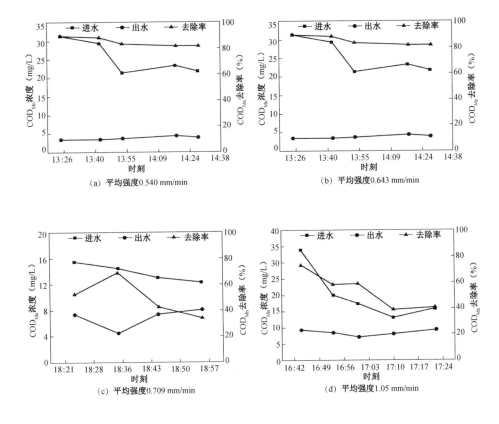

图 9-4 各暴雨事件中 COD_{Mn} 去除效果

化不显著,在出流后期略有上升。相似地,四场暴雨事件中养殖场地径流 TP 场次平均浓度最高为 2.7 mg/L,最低为 1.31 mg/L,差别也较大(图 9-5)。在不同的降雨事件中,TP 去除率略有差别,但未呈现出明显的规律性。在单场降雨事件中,进水 TP 浓度随降雨历时逐渐降低,但 TP 去除率和出水浓度均未显著变化。同样,这四场暴雨事件中养殖场地径流 TSS 浓度变化范围较大(图 9-6),范围在 82 mg/L 到 248 mg/L 之

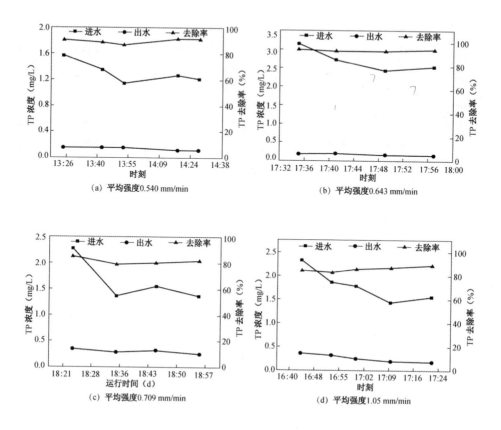

图 9-5 各暴雨事件中 TP 去除效果

间,但出水 TSS 浓度比较稳定,去除率也一直保持在 90% 以上,降雨对 TSS 的去除效果的影响微乎其微。

而由图 9-7 可知,这四场暴雨事件中养殖场地径流 TN 场次平均浓度最高 27.5 mg/L、最低 17.9 mg/L,相差不是很大,在单场降雨事件中,进水 TN 浓度随降雨历时逐渐降低,TN 去除率也呈下降趋势,出水 TN 浓度变化不显著。同样,这四场暴雨事件中养殖场地径流 NH_3—N 场次平均浓度

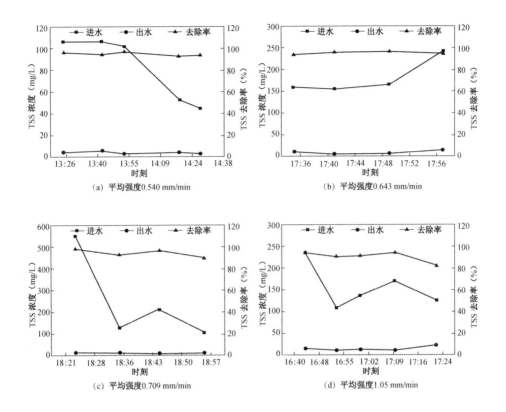

图 9-6　各暴雨事件中 TSS 去除效果

最高 6.6 mg/L、最低 3.1 mg/L，相差也不是很大（图 9-8），不同降雨事件中，径流中 NH_3-N 场次平均浓度越低，对应的去除率越高，但在单场降雨事件中，NH_3-N 的去除率曲线同进水水质曲线的变化趋势是一致的。

根据上述各主要污染物的监测结果可知，生物滞留系统在暴雨事件中对各污染物的截留净化效果均表现良好，具有很好的抗暴雨冲击的性能。在低影响开发下生物滞留系统的

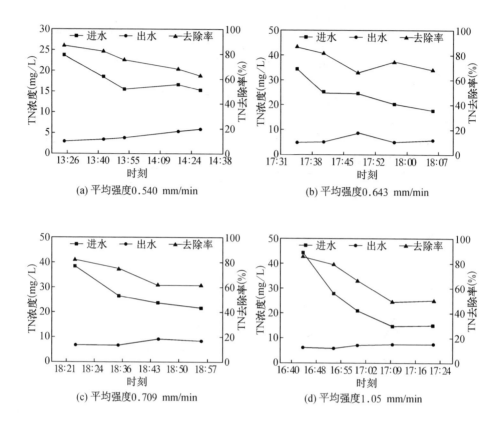

图 9-7 各暴雨事件中 TN 去除效果

设置完全可以与乡村散养家禽养殖场地周边的自然草地相结合,甚至可以将生物滞留系统与家禽活动场所合并实现养殖活动与径流处理的一体化。

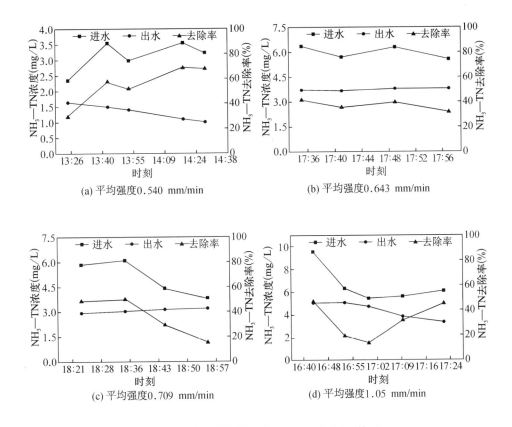

图 9-8 各暴雨事件中 NH_3—N 去除效果

参 考 文 献

[1] 贾蕊,陆迁,何学松.我国农业污染现状、原因及对策研究[J].中国农业科技导报,2006,8(1):59-63.

[2] 贾俊香,李春晖,王亦宁,等.我国典型地区农村河道整治模式及经验[J].人民珠江,2013,34(1):5-8.

[3] 李强.低影响开发理念与方法评述[J].低碳生态城市,2013(6),30-35.

[4] 侯改娟.绿色建筑与小区低影响开发雨水系统模型研究[D].重庆:重庆大学,2014.

[5] 禹杰.美丽乡村建设的理论与实践研究:以玉环县为例[D].金华:浙江师范大学,2014.

[6] 王方西.河南省美丽乡村建设研究:以临颖县为例[D].郑州:河南工业大学,2015.

[7] 王景.基于低影响开发(LID)理念的城市公园规划设计研究[D].成都:四川农业大学,2015.

[8] 李文婕.基于低影响开发的城市滨河景观设计:吉林市温德河景观设计[D].北京:北京林业大学,2016.

[9] 刘昱娇.低影响开发在居住区景观中的应用研究[D].合肥:安徽大学,2016.